快乐网球系列图书

快乐网球

（入门篇）

鲍大卫　朱林林　王乐勇　著

南京大学出版社

图书在版编目(CIP)数据

快乐网球. 入门篇 / 鲍大卫, 朱林林, 王乐勇著. 南京 : 南京大学出版社, 2024. 12. -- ISBN 978-7-305-28619-3

Ⅰ. G845-49

中国国家版本馆 CIP 数据核字第 2025KM9923 号

出版发行 南京大学出版社
社　　址 南京市汉口路 22 号　　　邮　　编 210093

书　　名 快乐网球:入门篇
KUAILE WANGQIU: RUMEN PIAN
著　　者 鲍大卫　朱林林　王乐勇
责任编辑 苗庆松　　　编辑热线 025-83592655

照　　排 南京开卷文化传媒有限公司
印　　刷 南京人民印刷厂有限责任公司
开　　本 718 mm×1000 mm　1/16　印张 11.25　字数 160 千
版　　次 2024 年 12 月第 1 版　2024 年 12 月第 1 次印刷
ISBN 978-7-305-28619-3
定　　价 36.80 元

网　　址:http://www.njupco.com
官方微博:http://weibo.com/njupco
微信服务号:njuyuexue
销售咨询热线:(025)83594756

前　言

网球是一项优雅且充满挑战的体育活动，深受世界各地人们的喜爱。网球运动注重比赛礼仪，体现公平竞赛(Fair Play)精神，展现绅士淑女风范被称为“贵族运动”。进入21世纪以来，网球运动在我国得到发展迅速，特别是中国网球“五朵金花”(李娜、郑洁、晏紫、彭帅和孙甜甜)为中国在国际网坛中占有了一席之地。2004年李婷/孙甜甜组合获得雅典奥运会网球女双冠军、2006年郑洁/晏紫搭档摘下了澳大利亚网球公开赛和温布尔顿网球公开赛的女子双打冠军、2011年李娜获得法国网球公开赛大满贯冠军、2013年彭帅和谢淑薇组成的海峡组合在温布尔顿网球公开赛获得女子双打冠军、2014年李娜获得澳大利亚网球公开赛冠军。中国新星郑钦文在2023杭州亚运会和2024年巴黎奥运会中获得女子网球单项冠军。我国运动健儿们获得如此多的成就，进一步推动了我国网球运动的发展。

不可否认，和其他球类运动相比，网球运动入门较难，对技术动作要求较高，自学难度较大。一般来说，网球初学者进入网球场，经过大约1个月的锻炼，会闯过入门关，并开始享受到网球带来的无穷乐趣。作者以为，作为一名网球初学者，要打好网球，需要具备三种能力：(1) 对网球的审美力，追求健康体魄，热爱网球之美，了解网球的基

本知识;(2) 对网球技术和策略的领悟能力,培养网球的球感,上场挥拍,亲自实践,初步掌握基本的网球击球技术,感受网球之美;(3) 对网球的鉴赏力,无论是从电视网络转播,还是网球比赛现场积极观看网球比赛,培养自己的易位思考能力——假如我是这个运动员,我将如何控制情绪,如何处理这个球,感受和欣赏网球运动的“绅士淑女风范”,欣赏网球之美。

《快乐网球:入门篇》一书主要分为三个部分:

第一部分,认识网球。这部分包含第1章与第2章,主要对网球运动进行简要解读。第1章介绍网球起源发展与现状,以及网球赛事、场地、基本规则等,让网球爱好者了解基本规则和知识,帮助爱好者更好地参与到这项运动中;第2章主要介绍参加网球运动的必备知识,包括如何挑选装备、做准备活动,以及球场上常见的运动损伤应急处理等。

第二部分,网球运动技能。这部分包含第3章至第8章,主要让读者了解网球专项身体素质练习方法,培养初学者的球感,并进一步掌握网球的基本技术和动作要领,以及简要的网球战术。这是本书的主要组成部分,在正手击球、反手击球、发球/接发球、网前截击、高压球、放小球和挑高球等基本技术方面进行分解讲解。本书作者之一鲍大卫具有十多年的高校本科生和研究生网球课程教学经验和高校教师网球协会短期培训班的教学经验,结合多年的研究总结与亲身体会,采用1—2—3—4递进式分解基础网球技术动作,让初学者更加快速地掌握网球入门技巧。同时,每一个技术动作动讲解都配有初学者易范错误与纠正方法,让网球爱好者自学起来更加方便。

第三部分,网球欣赏。这部分包含第9章与第10章,第9章主要是介绍网球比赛的基本规则;第10章是介绍网球基本礼仪以及如何观

赏网球网球赛事，提高网球的审美力，感受网球之美。

本书强调了网球运动入门者应该注意的动作要领，尤其是对握拍方法的重新定义，让入门者更加容易掌握。本书作为网球入门者指导用书，旨在带领网球初学者快速、科学地掌握动作，体会网球乐趣，对我国新时期的网球运动推广和普及具有一定推动作用。

本书作者之一鲍大卫感谢参加网球课程学习的所有学生，正是他们的参与和实践，促进了该书的成型；我们感谢南京大学教师网球协会的每一位老师，尤其参加短期培训班的教师们，因为有他们参与，我们才积累了较短时间内指导初学者学习网球的经验；我们感谢南京大学(学生)网球协会的同学们，他们是校园网球场上的网球高手，经常指导教师网球协会的"菜鸟"级老师们练习网球；我们感谢来南京大学学习网球的小朋友，正因为他们的网球培训和作为球童的参与，让我们萌生"快乐网球"的理念。中国科学院院士陈颙先生和夫人杨女士，是我们南京大学教师网球协会的形象大使，虽然年过 80 岁，却经常出现在网球场上，给我们诠释网球的快乐。中国科学院院士沈树忠教授是羽毛球的资深高手，2022 年他在网球球场观战，开始迷恋上网球，戏称成了鲍大卫的"学生"。经过一年时间的积极训练，现在已经去参加全国高校的各类网球比赛了。

该书的雏形孕育在南京大学教师网球协会成立后，鲍大卫、王新建、王乐勇三人的讨论之中。主要由鲍大卫起草初稿，大家讨论几易其稿，曾经数次中断，几度放弃，幸有周围球友和朋友们的鼓励和支持，才得以成稿。本书插图的技术动作示范承蒙业余网球高手张鹏东、庄曜泽和何书韵的演示，对他们的支持表示衷心的感谢！

本书由鲍大卫、朱林林、王乐勇著。参与本书编写工作的人员还有

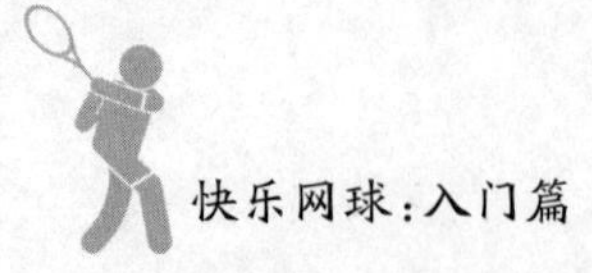

南京大学教师网球协会王新建（第1—2章部分章节和绘制本书部分插图），鲍大卫、朱林林、王乐勇负责统稿全书。杨四海教授、顾黔教授、沈树忠院士、强琚莉博士通读书稿，也提出了宝贵的建议。

须知一本书的写作，“闭门写书”是无法完成的。一本书的成文是站在前人的肩膀之上的。该书写作过程中，参考了诸多优秀的网球教程和网球学习指导书，以及网络上诸多有见地的文章。如果没有这些已经出版和发表的书籍和文章，一切都要从零做起，是不可能写出这本《快乐网球：入门篇》的，在此也一并致谢！

南京大学出版社对本书的编写和出版给予了很大的关心和帮助，在此一并致以衷心的感谢。最后，非常欢迎任何可以提高本书质量的批评和建议！我们再版和出版姊妹篇——提高篇的时候将会认真慎重考虑。

欢迎大家加入网球的世界里尽情畅游，感受快乐的网球运动，享受网球运动的快乐！

目　录

第一部分　认识网球

第二部分　网球运动技能

第三部分 网球欣赏篇

第一部分

认识网球

网球具有悠久的历史和传统。随着社会的发展，网球运动正逐步成为一种大众性的体育运动，网球运动不仅能够锻炼身体、增强体质，还能够培养优雅气质和良好精神品质。一般来说，网球运动有以下特点：(1) 强身健体，均衡发展。网球是少数几项对人要求比较均衡的体育项目之一，需要较好的柔韧性和协调性，手眼结合，脑体结合，既是有氧运动也是无氧运动，有助于网球运动爱好者健康长寿。(2) 安全受伤概率小。网球运动不单纯依靠力量，对技巧、智力都有较高要求，受伤概率小，下到5岁的儿童，上到100岁的老人都可以从事网球运动。(3) 球场的“芭蕾”。网球紧紧地将艺术和审美相连接，网球比赛通常瞬息万变、跌宕起伏，有很强的戏剧性和观赏性。(4) 网球的普及性高。网球在欧美是最受欢迎的体育项目之一，有广泛的群众基础，这为融入世界、进行文化交流提供了很好的参与机会。

本篇我们来认识网球，了解网球运动基本知识！

第 1 章　网球运动基本知识

网球运动之旅开始前，让我们先了解一下网球运动的基本知识。本章主要介绍网球起源和发展历程，网球场地和网球基本规则，并简要介绍必备的网球礼仪。网球运动是一项隔网对抗的球类活动，通常由两名单打球员或两对组合在规定的场地内，用网球拍击打网球。

1.1 网球运动的发展历程

网球运动既是一项有益健康的体育活动，又是一门能够培养优雅气质和良好品质的运动。优秀的网球选手在球场上展现出的自信、优雅和礼仪，以及他们对待胜利和失败的态度，都能够给人留下深刻的印象。现代网球运动的历史和发展可以简要概括为：孕育于法国，诞生在英国，在美国普及和形成高潮，最终在全世界流行开来[①]。因此，网球被称为除足球运动之外的，世界第二大球类运动。网球运动具有悠久的历史和传统，下面将从早期网球与现代网球的形成发展来简要介绍网球的历史脉络。

① 朱晓菱.高校体育课程思政设计与探索[M].上海：上海大学出版社，2023：135.

1.1.1　网球运动发展重要阶段

1.1.1.1　古代/早期网球

在1874年之前，网球运动没有形成统一的规则，只是一种简单的游戏，我们把这一时期称为古代/早期网球。

据相关考证，在古埃及的坦尼斯小镇出现过一项类似现代网球的运动。但是，大家比较认同网球运动最早可以追溯到12—13世纪，法国传教士在教堂回廊里用手掌击球的一种游戏。其方法是在空地上两人隔一条绳子，用手掌将布包着头发制成的球打来打去。这种游戏的目的是调节传教士单调的日常生活。这项休闲活动颇受欢迎，并开始普及，渐渐地从修道院流传到了上层社会，成为当时贵族的一种娱乐游戏。14世纪中叶，法国的一位诗人把网球游戏介绍到法国宫廷，作为皇室贵族男女的消遣活动[①]。

英语网球Tennis是从法语tenez（意思是"抓住"，它是运动员发球时提醒对方注意的感叹词）或是法语动词tendere（意思是"抓""握"）演变而来[②]。最初，这种游戏在大厅进行，球以布裹头发用绳子绑成，场地中间高架一绳，利用两手当球拍。不久，木板的球拍被用来代替两手拍球。16世纪初，这项球类游戏被法国平民发现，并出于好奇心开始仿效，很快便传播到各大城市，同时改良了用具。这个时候球制造得比较耐用；拍子由木板改为羊皮纸板，拍面面积放大，握把的柄也加长；场地中间的绳子，增加数根短绳子向地面垂下，球从绳子下面经过时，可以明显地被发觉。17世纪初，场地中间不再用绳帘，而改用小方格网子，网比帘的作用更好，拍子改用穿线的网拍，富有弹性而且轻巧方便。

---

① 陶志翔.网球运动教程[M].北京：北京体育大学出版社，2007：1.

② 陶志翔.网球运动教程[M].北京：北京体育大学出版社，2007：1.

14 世纪中叶，英法两国交流频繁，这种球类游戏从法国传到了英国。法国王储曾送网球（外壳布制，内壳毛发等物）给英王亨利五世，英王颇感兴趣，下令在宫内建造一处室内球场①。从此，网球开始在英国流行，成为英国贵族社会的一种娱乐活动。这期间流行的主要是室内网球。1793 年 9 月 29 日，在英国的一本名为《体育运动》杂志上，出现了“场地网球”的叫法。经过了漫长艰难的发展，网球运动使用的球、拍子和场地都逐渐地完善，更加接近现代意义上的网球。

彬彬有礼的贵族们在比赛过程中非常注重双方的礼节，无论是球具、衣着、判决、技巧都有较多讲究，优雅而礼貌是最基本的要求。王室运动的传统，加上苛刻的礼仪，网球因此被称为“贵族运动”。

1.1.1.2　近代网球

人们比较认同现代网球运动的历史是从 1873 年开始的。在这一年，英国人沃尔特·克洛普顿·温菲尔德（Walter Clopton Wingfield）将早期的网球打法加以改进，使之成为夏天在草坪上进行的一种体育活动，形成了“草地网球”（Lawn Tennis）。同年还出版了一本《草地网球》小册子，对这种活动进行宣传和推广。因此，温菲尔德先生被称为“近代网球之父”。1875 年，他在伦敦郊区温布尔登（Wimbledon）小镇的全英网球俱乐部修建了草地网球场，世界第一块专业网球场就此问世。随后，在英国各地逐步建立起网球运动俱乐部。网球运动的广泛开展和比赛活动的日益频繁，需要建立统一的规则。1876 年，由一些地区的著名网球运动俱乐部派出代表，一起开会研究和讨论制定一个全英统一的网球规则。经过多次协商，各方代表终于对网球运动的场地、设备、打法和比赛等方面取得了一致的意见，并形成了一个统一的

① 陶志翔.网球运动教程[M].北京：北京体育大学出版社，2007：1.

规则。

1877年,全英草地网球和槌球俱乐部在伦敦郊区小镇温布尔登举行了首场全英草地网球男子单打锦标赛,这就是闻名于世的温布尔登锦标赛开端,为现代网球史上最早的比赛。这是具有历史意义的赛事,标志着网球运动游戏发展成为一项正式的竞技性体育运动项目。因此,温布尔登被认为是近代网球的发源地。

1874年初,在北大西洋的英国海外领地百慕大群岛度假的美国女运动员玛丽·尤因·奥特布里奇女士在观看了英国军官的网球比赛后,对这项体育活动颇感兴趣,于是将网球规则、网拍和网球带到纽约。这项新的运动于1874年夏季传到美国后,得到迅速普及,巡回赛在各地有序开展,第一个正式俱乐部在新奥尔良成立。此时网球运动已经由在草地上进行演变到可以在沙土、水泥地上举行比赛,于是"网球(Tennis)"的名称就慢慢替代了"草地网球(Lawn Tennis)"的名称,这是我们今天"网球(Tennis)"名称的由来。1881年5月21日,美国国家草地网球联盟(现在的美国网球协会)成立,这是世界上第一个全国性的网球协会,自此,这项运动有了专业的组织。美国国家男子单打锦标赛,就是现在的美国公开赛,1881年首次在美国罗得岛的新港举行。1887年,费城网球俱乐部举办了第一届美国女子网球锦标赛。

同时,网球也在法国流行,1891年法国首次举行男子单打和男子双打锦标赛①。1896年,在希腊雅典举行的第一届奥运会上,男子单打被列入比赛项目。

进入20世纪,网球逐渐发展成全球性的运动,在欧美多国以及南非等地都有较成熟的网球赛事。网球运动富有挑战性,具有强身健体、愉悦身心、优雅绅士等特点。到1922年,网球不再是少数人的运动,而是面向

① 陶志翔.网球运动教程[M].北京:北京体育大学出版社,2007:2.

大众的，喜欢的人越来越多。

在国际性的网球大赛中，影响大、水平高、久负盛誉的重大比赛有温布尔登网球公开赛、美国网球公开赛、澳大利亚网球公开赛和法国网球公开赛。今天，这四项赛事被称为“大满贯”，设男、女单打，男、女双打和混合双打 5 个项目。1968 年，当时的“四大网球比赛”达成协议，允许非职业选手和职业选手报名参赛并同场竞技，网球正式进入到公开赛时代。同一年的法网就成了历史上第一届公开赛的比赛。

1.1.2　我国网球运动的发展

网球进入中国时间，与它在欧美流行时间相差不远。在 1885 年左右，由英、美、法等国的商人及传教士将网球运动带入我国，起初在天津、上海、香港一带的沿海口岸，修建了网球场，以供他们健身娱乐之用。由此，网球运动逐渐在教会学校中开展起来。1898 年，上海圣约翰书院举办了网球比赛，取名为“斯坦豪斯杯”，这是我国最早的校园网球赛事。到 20 世纪初期，上海圣约翰书院、协和书院、清华学校、南洋公学沪江大学等之间分别在上海和北京组织了校际网球对抗赛。1910 年，第一届中华民国全国运动会把网球男子单打列入比赛项目。从第三届开始，又增加了女子网球项目，并一直延续到 1948 年的第七届。

在国际赛事方面，20 世纪初，当时的中华民国网球队参加第二届至第十届远东运动会的网球表演赛。1924—1946 年，中国选手参加戴维斯杯网球赛，涌现出一批著名的运动员，如邱飞海、林宝华、许承基等。1924 年，中国选手邱飞海参加了英国温布尔登网球锦标赛男子单打比赛，并进入第二轮。这是中国人首次参加温布尔登网球锦标赛。1938 年，在印尼出生的中国选手许承基作为 8 号种子参加了温布尔登网球锦标赛，在男子单打中进入第四轮，杀入温网 16 强。

新中国成立后，网球运动在起点低、基础差、对外交流少的情况下逐渐发展[①]。1953 年成立了中国网球协会，篮、排、网、羽四项球类运动会在天津举办。1980 年，中国网球协会被国际网联接纳为正式会员，有力地推动了我国网球运动的发展。2004 年，在雅典奥运会中，李婷、孙甜甜为我国拿回第一枚网球女双奥运金牌，这在我国网球发展中具有里程碑式的意义。此后我国网球迅速发展，涌现出一批优秀的选手，除了早期的戚凤娣、徐润珍，后续的李娜，郑洁，晏紫，彭帅、孙甜甜、李婷等，以及这几年的郑钦文、王欣瑜、张之臻等。

过去受到经济条件和“贵族运动”理念等因素的影响，普通高校开设网球课程的不多，如今大多数学校有能力并已经开设网球课程，可以培养更多的网球爱好者，促进我国网球运动的发展，也能够促进国民身心的全面发展，对于提高国民素质有着重要的意义。

1.2 网球运动协会和重大赛事

1.2.1 网球运动协会

近代网球运动的形成与发展经历了一百多年的历史，从最初的几个国家，到现在遍布全球，网球技术水平越来越高，网球规则更加完善，这都得益于世界相关网球协会的统一组织与指导，世界主要的网球运动协会有国际网球联合会、职业网球协会、国际女子网球协会。

① 朱晓菱、倪伟.体育健康与实践[M].上海：上海大学出版社，2021：170.

1.2.1.1　国际网球联合会(International Tennis Federation,或简称 ITF)

国际网球联合会简称国际网联,英文缩写 ITF,是世界网球运动最高权力机构,由 200 多个国家或地区的网球协会构成。1913 年 3 月 1 日,在法国巴黎由 12 个国家的网球协会进行讨论建立了国际草地网球联合会(International Lawn Tennis Federation)。国际网球规则在 1924 年诞生,随着网球运动的发展与普及,网球不仅能在草地进行,也可以在其他地面进行,因此,在 1977 年改名为国际网球联合会,起初国际网球联合会把总部设在法国巴黎,随后迁至英国伦敦。

国际网联的主要职责是组织有关的网球赛事;制定网球相关规则;为网球薄弱国家和地区开设教练员培训班;推进各个国家网球协会发展本地区的网球运动;推广网球运动,提升网球运动的参与人群;促进世界网球运动的发展。

1.2.1.2　国际男子职业网球协会

职业网球协会(Association of Tennis Professionals,简称 ATP)成立于 1972 年 9 月,全称为世界男子职业网球协会,简称 ATP,其职责是保护男子职业网球运动员的利益,还负责管理职业选手的积分、排名、分配奖金以及组织赛事等工作。组织的主要赛事有四大公开赛、大师赛、挑战赛等八十项左右的赛事。

从 1990 年起,ATP 举办男子职业网球的世界范围巡回赛,最初比赛被称为 ATP 巡回赛(ATP Tour),在 2009 年被更名成 ATP 世界巡回赛(ATP World Tour)。这一巡回赛制度取代了 1990 年之前的网球大奖赛(Grand Prix tennis tournaments)和世界网球锦标赛(World Championship)。

ATP 采用电脑排位,只计算“最佳十四项比赛体系”的方法,计算运动

员在52周内成绩积分，与击败排名高位选手的奖励分，作为排名基数。这样排名方法优点是可以鼓励选手向更高排位冲击，缺点是老选手可以把上一年成绩带入下一年度。

1.2.1.3 国际女子职业网球协会（WTA）

国际女子网球协会（Women's Tennis Association，简称WTA）是世界女子职业网球的“自治组织”，也是女子职业网球的最高管理机构。1973年，美国网球运动员比利·简·金创办WTA，并任WTA第一任主席。该协会的任务是协调运动员与赛事之间的关系，来保护女子职业网球运动员的利益。WTA组织的赛事主要有WTA年终总决赛、各项公开赛、巡回赛等60项左右的赛事。国际女子网球协会总部位于美国佛罗里达州圣彼得斯堡，欧洲总部设在英国伦敦，亚太地区总部设在中国北京。

1.2.2 世界重大网球赛事

精彩的网球赛事能促进人们参与运动的热情，能够很好地宣传和普及网球运动。世界主要的网球赛事由ITF主管的四大满贯（Grand Slam）、戴维斯杯、联合会杯、大满贯杯、年终总决赛等。

1.2.2.1 网球四大满贯赛事

网球的四大满贯指澳大利亚网球公开赛、法国网球公开赛、温布尔登网球锦标赛、美国网球公开赛。四大满贯男子采用五盘三胜，女子采用三盘两胜的赛制。下面按照一年的比赛时间先后顺序给予介绍。

澳大利亚网球公开赛（Australian Open）简称澳网，每年1月的最后两周在澳大利亚墨尔本举行，场地为硬地。澳网从1905年举办第一届开始，已有百年的历史，但是在四大公开赛中历史还是最短，其赛事的商业

程度较高。澳大利亚网球公开赛是四大公开赛的第一站比赛。2014 年 1 月 25 日，中国网球选手李娜第三次跻身澳大利亚网球公开赛决赛并最终收获女单冠军。

法国网球公开赛（French Open）简称法网，每年 5—6 月在法国的巴黎举办，使用的是一座名叫罗兰·加洛斯（Roland Garros）的体育场提供的红土场地。法网的历史可追溯到 1891 年，与温网一样享有传统网球的美誉，是四大公开赛的第二站比赛。值得一提的是 2011 年，中国网球选手李娜获得法网女子单打冠军；2024 年 8 月中国选手郑钦文在此地拿下奥运会冠军。

温布尔登网球公开赛（Wimbledon Championships）简称温网，每年 6—7 月在英国伦敦郊区温布尔登小镇举办。温网是 1877 年创办的赛事，也是最古老最具声望的网球赛事，使用的场地是草场，是四大公开赛的第三站比赛。

美国网球公开赛（US.Open）简称美网，每年 8—9 月初在美国纽约举办，首届比赛在 1881 年罗德岛新港举行，是四大满贯的最后一站比赛，也是商业化程度最浓的比赛。

1.2.2.2　戴维斯杯和联合会杯

戴维斯杯赛（Davis Cup）是世界男子网球团体赛，1900 年在美国波士顿举行第一届比赛。本比赛采用四单一双，五场三胜的比赛赛制。

联合会杯（Federation Cup）是世界女子网球团体赛，在 1963 年由英国伦敦的女子俱乐部举办的第一届比赛。其赛制与戴维斯杯相似。

ATP（男子职业网球协会）世界巡回赛 1000 大师赛，是 ATP（男子职业网球协会）下面的一个世界巡回赛的系列，目前采用的是三盘两胜的赛制，每站的最终获胜者将得到 1000 个 ATP 积分，是非常重要的赛事。共有九站，分别为印第安维尔斯大师赛、迈阿密大师赛、蒙特卡洛大师赛、马

德里大师赛、罗马大师赛、加拿大(蒙特利尔或多伦多)网球大师赛、辛辛那提大师赛、上海大师赛和巴黎大师赛。

年终总决赛(世界锦标赛),是 ATP 和 WTA(女子职业网球协会)巡回赛的最后一站比赛,世界顶尖高手的排名将最终确定。此比赛是巡回赛最重要的一站,在每年的 11 月份举行。

1.2.2.3 中国网球赛事

随着我们国家的网球普及程度逐步提高,国内相关赛事也相应增多。国内主要赛事如下:上海大师赛(ATP1000)、中国网球公开赛(WTA 皇冠明珠赛,ATP500)、武汉网球公开赛(WTA 超五赛)、珠海 WTA 超级精英赛(WTA 巡回赛)、广州国际女子网球公开赛(WTA 国际赛)、深圳国际女子网球公开赛(WTA 国际赛)、WTA 天津公开赛(WTA 国际赛)、江西国际女子公开赛(WTA 国际赛)、深圳国际男子网球公开赛(ATP250)、成都网球公开赛(ATP250),以及中国网球协会主办的网球赛事中国网球巡回赛。主要赛事简介如下:

1. 上海网球大师赛

上海大师赛(Shanghai Masters)是职业网球联合会(ATP)世界巡回赛的九站 ATP1000 大师赛之一,是亚洲唯一的一项大师赛,也是亚洲级别最高的网球赛事。2009 年举办第一届,是“最年轻”的 ATP1000 大师赛。上海大师赛采用硬地球场,每年 10 月在上海旗忠网球中心举行。

2. 中国网球公开赛

中国网球公开赛(China Open)诞生于 2004 年,每年定期在北京举行,是国际网球协会批准在中国举行的男女综合性网球赛事。同时拥有 ATP、WTA、ITF 等三大国际网球组织的赛事举办权,是亚洲地区唯一设置项目最全、参赛人员最多、总奖金最高的一项国际综合性网球赛事。

3. 武汉网球公开赛

武汉网球公开赛(Wuhan Open)属于 WTA 超五赛之一,也是国内级别最高的三大网球赛事之一。WTA 超五巡回赛是由 WTA 主办的高水平的网球赛事,共设五站比赛,在全球影响力巨大。五站比赛原设在多哈、罗马、辛辛那提、多伦多/蒙特利尔和东京。作为 2011 年法网冠军李娜的故乡,2012 年 12 月 25 日,国际女子职业网联董事会正式核准 WTA 超五巡回赛(2014—2028 年)在武汉举办,武汉国际网球公开赛将取代已举办了 30 年的东京公开赛。

4. 中国网球巡回赛

中国网球巡回赛是由中国网球协会主办的网球赛事,创办于 2020 年,是独立于 ITF、ATP、WTA 三大巡回赛之外的面向全民开放的、具有中国本土特色的网球赛事,设置男单、男双、女单、女双四个项目。赛事分为 CTA200、CTA500、CTA800 和 CTA1000 四个级别,其中前两个级别主要面向大众选手,而 CTA800 和 CTA1000 主要面向职业球员和各省区市专业球员,赛事采用中国特色的竞赛积分和排名系统。

1.3 网球运动与身体和心理健康

网球运动不仅可以像乒乓球一样落地后击球,还可以像羽毛球一样凌空扣杀,是以有氧为主无氧为辅的项目,它考验的是人的有氧与无氧混合运动功能。网球运动量可大可小,容易控制,适合不同年龄段的人群。从一定意义上,网球可以当作一项终身运动项目,其锻炼价值主要体现在身体与心理方面。

1.3.1 有利于提高呼吸系统功能

网球运动是有氧与无氧相互交替，但是以有氧为主的运动，前后左右奔跑距离较大，需要有强大的心肺功能来支撑。经常参加网球运动可以使呼吸系统机能得到改善和提高，可以有效地增强人体的摄氧能力。

1.3.2 有利于提升身体素质

身体素质是个体的发育状况和生理功能状况的综合表现，坚持打网球，可以很大程度提升速度、力量、柔韧、灵敏等各项身体素质，促进身体协调发展。持续的大强度的网球运动有利于降低体脂率，起到减脂塑身的效果。

1.3.3 有利于增强心理素质

经常参与网球运动，能够很好锻炼参与者心理情绪调节能力。网球比赛中，关键分很多，可能由于一分的丢失造成丢掉整场比赛。因此，每一次关键分，对参与者都是一种锻炼。在网球运动中的每一次击球进攻，都要有坚定、果敢的信心，防守要有永不放弃的精神。这些品质都可以在网球运动中培养出来。

1.3.4 有利于增强人际关系与培养优秀品质

网球运动具有很高的观赏性与娱乐性，上到 90 岁老者，下至 5 岁孩童，都可以到网球运动场挥洒汗水。运动者因网球结缘，能够相知相识，加强交流，对人际交流具有积极影响。

一场网球比赛时间较长，对参与者意志力有很高要求，在球场上尊重一切人与物，这是网球比赛重要的规则。当对手打出好球时，我们本能地给予赞许。

1.4 网球运动场地

由于网球运动传入我国时间相对比较晚，基础比较薄弱，网球场地大部分建在普通高校、体育院校和体育中心。目前诸多经济较发达城市的住宿小区也修建了网球场，从一定意义上讲，这也是我国经济水平发展的重要标志。

1.4.1　场地规格

网球场地常见的是双打场地，双打场地包含单打场地，由于占地面积限制的原因，也有少数单独修建的单打场地。在《网球竞赛规则》中规定，一片标准网球场地的占地面积不小于 36.6 米（长）×18.3 米（宽），这一尺寸是一片标准网球场地围挡内或室内的净尺寸。在这个面积内有主场地和副场地：主场地双打标准尺寸长 23.77 米（长）×10.98 米（宽），在两条端线的外沿留有不少于 6.40 米的空地，在两条双打边线的外沿后留有不少于3.66 米的空地，也就是网球场的副场地（见图 1－1）；如果是室内球场，室内上空净高不小于 11.50 米，副场地上空不小于 6.40 米。球场上安装的网柱，两网柱的中心距离是 12.80 米①。

根据网球比赛规则，球网的中央高度应为 0.914 米（3 英尺），而网柱的高度应为 1.07 米（3 英尺 6 英寸），在单打比赛中使用的两根支柱同样为 1.07 米②。（见图 1－1）

---

① 中国网球协会审定.网球竞赛规则[M].北京：人民体育出版社，2009：5.

② 中国网球协会审定.网球竞赛规则[M].北京：人民体育出版社，2009：6.

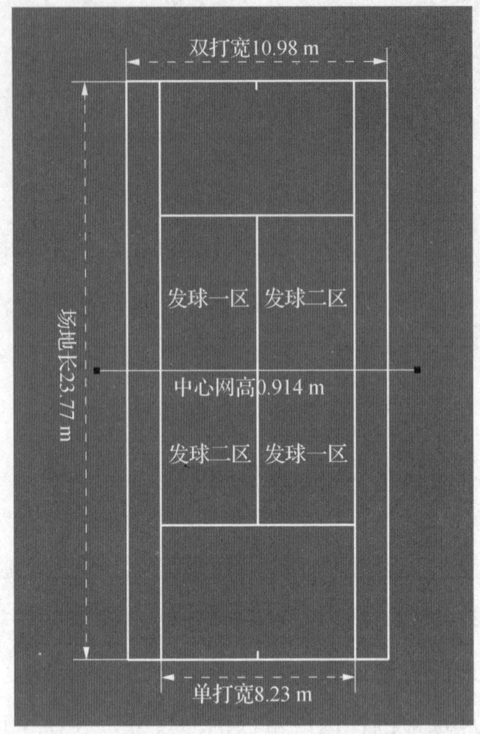

图 1－1　网球场

1.4.2　场地种类

1.4.2.1　国际网球场地常见的种类

当前国际上举办大型网球赛事的场地类型主要有硬地球场、沙土地球场(红土)、草地球场等(见图 1－2)。在著名的四大网球公开赛中，澳大利亚网球公开赛(澳网)和美国网球公开赛(美网)使用的是硬地球场，法国网球公开赛(法网)使用的是红色沙土场地(红土)，英国温布尔登网球公开赛使用的是天然草皮场地(草地)。

A. 红土场地

B. 草地

C. 硬地

图 1-2　网球场地类型

1.4.2.2　国内网球场地常见的种类

在我国现有的场地中主要有以下几种:第一种为硬地,包含丙烯酸塑胶场地、聚氨酯塑胶场地、水泥或沥青场地;第二种为沙土场地;第三种为草皮草地;第四种为少数的毯式场地。近年来中国经济水平不断提高并且对网球运动的愈发重视,因此,网球场地设施也在不断升级改造。丙烯酸塑胶场地较为常见,并被广大高校、社区所采用;聚氨酯塑胶场地、水泥沥青场地、人工草皮场地相对较少;天然草皮和红土场地,由于养护和造价原因很少见到,仅存在于少数体育院校和体育中心。

1.4.2.3　各种球场的特点

1. 丙烯酸塑胶场地

丙烯酸塑胶是美网和澳网等国际大赛使用的场地,也是中国网球公开赛使用场地,同时也是国内最常用和最普通的场地。经常打网球的人都熟悉此种场地,其基层由水泥和沥青铺垫而成,在上面铺上丙烯酸塑胶层面,有红色、蓝色和绿色等各种颜色。其特点为表面平整、硬度较强,球的弹跳规律、弹速快,容易清扫养护,经久耐用。由于此种材质是

环保型的，无毒无害，故被各种公共网球场地采用。该种场地的不足之处是场地较硬，长期在这种场地打球，会由于热身或者放松不够可能造成损伤；对球拍、球和网球鞋的磨损也较大。球速比天然草场慢，但比红土场地快。

2. 聚氨酯塑胶场地

聚氨酯塑胶场地主要材料是聚氨酯橡胶，铺设在钢筋混凝土为地基的场地上，有厚度和弹性，与塑胶田径跑道的材质属于同类，表面铺洒的是合成塑胶颗粒，塑胶颗粒之间用专用胶水相黏。用它来建造网球场地，如果处理不当，球场的地面层对网球的反应会不正常，出现弹跳不规则的现象。其优点是场地较软，对脚踝和膝关节的伤害较小，还具有一定韧性，防水效果比较好。与硬地球场相比，球的球速、反弹力和前冲力较为迅猛。

3. 水泥或沥青场地

水泥或者沥青场地比较硬，材质主要以水泥沥青为主，球速较快，弹跳不是很规则，容易伤球、伤拍子，长期在这样场地打球，也容易造成膝关节和踝关节的损伤。优点是造价低，容易养护。目前，我国此种场地使用频率越来越低了。

4. 泥地、沙地球场

这类球场统称为“软性球场”，红土网球场也是其中的一种，是比较高端的主流网球场地。此类球场不是非常坚硬，地表铺设有细沙。从打球效果上看，球速较慢，球员跑动时尤其在急停急起时容易滑步，这些特点决定了球员必须比在其他场地上具备更优良的意志品质和更出色的奔跑、移动能力，否则很难取胜。由于跑动比较舒适，一般老年爱好者和儿童训练较适宜在此种场地训练，不易损伤其膝踝关节。沙土场地虽然造价低，但是养护麻烦，平时需要浇水、拉平、划线、扫线，雨天后需要平整、滚压等。

5. 草地球场

草地球场分为天然草场和人造草场。天然草地球场是历史最悠久、最具传统意味的一种场地，由于对草的特质和规格要求极高，建造工序复杂，因此造价高、养护较昂贵，很难被推广；天然草地网球特点是球速快、弹跳低、容易改变方向，以及场地比较滑等，对球员的反应速度、灵敏度、奔跑速度等要求极高。人造草地球场是由许多纤维编织物粘接而成，内部充满石英砂，都为草绿色，造价较低、容易维护，但是与天然草地相比有着很大不同；不过在人造草场打出的球，球速较慢、弹性不高、容易改变方向、场地比较滑等这些特点与天然草地有着相似之处。

6. 毯式场地

毯式场地可以是成品的塑胶，也可以是尼龙织物，铺在水泥或者其他平整的硬地上，最大的优点是可移动性，故在室内场地使用比较多。和硬地塑胶场地表层相比，它比较厚，且弹性效果较好。

1.5 网球的简要计分方式

了解网球比赛的计分规则是参与比赛的重要一环。下面将介绍网球比赛的计分规则，包括得分系统、局和盘的计算方式。网球比赛中，竞赛双方站在球网两边，其中一名（或一组）运动员为发球手，另一名（或一组）则是接球手。每局比赛结束之后交换发球权。

网球计分方法是网球得分统计方法，网球比赛的基本分制分“盘—局—分”三级。一般情况下网球比赛（Match）由一至五盘（Set）的比赛构成，而每一盘一般又分若干局（Game），运动员通过抢分来赢得局，率先在盘内赢得规定局数的运动员赢得该盘，而率先赢得规定盘数的运动员则赢得比赛。网球比赛中四大满贯和戴维斯杯的男子选手是五盘三胜，其他比赛通常都是三盘两胜；一般的业余比赛和少儿比赛则采用一盘决胜负。

1.5.1 局(Game)的计算

网球比赛是按照分、局、盘来进行记分，但每一局是按照 15（1 分）、30（2 分）、40（3 分）、平分、占先、game 来记分，即赢得一分记为 15，两分记为 30，先得四分并领先对手两分者获得本局比赛胜利，如 4∶2、4∶1。

在有占先的比赛中，当比赛分出现 40∶40 时，必须再次出现领先对手两分，才能获得本局比赛胜利；在无占先比赛中，当比分出现 40∶40 时，运动员双方谁先获得一分，谁就获得本局比赛胜利，但是这一分在哪一发球区发球，由接发球方决定，如接发球方想在二区接球，发球者就必须在二区发球；在抢七局中，先得 7 分者获得抢七局胜利，如果出现 6∶6 比分时，必须出现一方领先对手两分的情况，如 8∶6，才能获胜。

网球是在十四世纪起源于法国路易斯王朝时代。最原始的网球运动是起源于宫廷之中的，所以计分方法就地取材。他们拿可以拨动的时钟来计分，每得一次分就将时钟转动四分之一，也就是 15 分（一刻）；同理，得两次分就将时钟拨至 30 分，当然一切都是以他们的方便为基础。这就是 15 分、30 分的由来，不过 40 分却比较怪异，因为它不是 15 的倍数。这是由于在英文中，15 分念作“fifteen”，为双音节，而 30 分念作“thirty”，也是双音节；但是 45 分，英文念作“forty-five”，变成了三个音节，当时的英国人觉得有点拗口，也不符合方便记录的原则，于是就把它改成同为双音节的 40 分（forty）。这就是看来不合逻辑的 40 分的由来。[①]

① 张军、沈建国.大学体育教程[M].杭州：浙江工商大学出版社，2020：220.

1.5.2　盘(Set)的计算

网球比赛中，一局由双方交替发球组成。在发球局中，接发球员必须站在底线的右侧(偶数局)或左侧(奇数局)。双方的发球顺序会随着局数的变化而改变。一方必须先赢得至少 6 个局，并且领先对手两个局才能赢得一盘比赛。

在平局决胜制比赛中，当局比分来到 5∶5 时，一方必须连胜两局为 7∶5 才能获得比赛胜利；当比分来到 6∶6 时，会采用抢 7 分来决定本盘比赛胜负。

需要注意的是，网球比赛计分规则可能会因比赛级别、赛事类型和规则变化而有所不同。因此，在参加比赛之前，建议了解并熟悉具体赛事的计分规则。总之，掌握网球比赛的计分规则对于参与比赛和欣赏比赛至关重要。通过了解得分系统、局和盘的计算方式，你将能更好地理解和享受网球比赛。

1.6　网球场上的基本礼仪

网球表现出人类发展的精神美。女子网球联合会(WTA)的第一任主席比利・简・金曾说:“网球运动完美地将一切‘粗暴的行为’在一种温文尔雅的氛围中释放出来，整合在一起。”[①]网球是一项高雅、绅士的运动，同时也是一项很注重和传递文明礼仪的运动。良好的仪态和得体的礼仪是一个网球爱好者所表现出来好品质、高素养的体现。作为一名网球爱

① 张喆，马明纯.网球入门[M].长春：吉林科学技术出版社，2009：158.

好者,在球场上“尊重网球场上的一切人与物”,是网球爱好者基本的行为准则,它不仅包括尊重对手、观众、工作人员、服务人员,还包括尊重球网、网柱、球拍、球等。

(这里主要是针对一位上场的球员来讲解网球礼仪,作为观众的具体礼仪,请参考本书网球欣赏篇章。)

作为快乐网球活动的爱好者,我们给出简单的建议。

(1) 在打球时携带一筒新球,不能总是让同伴带球。有时为同伴带一瓶饮用水,也是礼仪的一种体现。

(2) 进入球场要尊重对手,穿着得体,不要讲脏话。尤其不得在室内场地吸烟。

(3) 练球时,主动帮助对方看线,担负起为对方司线的责任,及时告知对方打过来的球是“in”“out”还是压线球;当对手击出一记直接得分的好球,应给予掌声(可以半举球拍,用另一手掌轻轻击打拍面);练球时击球经常失误或者球擦网要及时道歉。

(4) 要勤于捡起场地上的球,尤其是网前球;及时提醒对方的干扰,如对方脚后有球等。

(5) 交流比赛时主动为发球者捡球,有意识地控制力度和角度,恰到好处地“喂球”给发球球员,让对方只需要跨出一步或原地就能轻松地拿到。等接到第一个球后,再“喂”第二个球,切忌快速给两个、多个球或者重击球,以免造成发球球员不必要地跑动,影响节奏,耽误比赛时间。业余比赛发球的时候,有些选手偏好拿两个球,一个拿手上,一个放裤兜,便于一发失误后便捷地衔接二发,保持发球的稳定性。发球选手也可以主动示意自己已有两球在手,不需要更多的球。这时,就不要再“喂球”,从而破坏节奏。

(6) 网球运动可以培养诚实守信的优秀品质。业余活动中的网球比赛大多是无裁判下的信任制比赛,运动员一定要做到诚实,把好球说成出界或把出界说成好球都是不诚实的表现。诚信品质的体现贯穿在整个网球活动的全过程，而网球活动也是最能体现一个人诚信品质的体育活动之一。

（7）比赛开始后要听从裁判员判罚，比赛结束后要和对手、裁判员握手以示感谢。

（8）打球结束后，及时清理留在场地的垃圾，如空的矿泉水瓶，废弃不用的旧手胶、旧网球，保持网球场的整洁。若网球场有垃圾桶，可以放入其中。若网球场无垃圾桶，建议使用塑料袋收集起来，再送往他处垃圾收容箱。

第 2 章　网球运动必备

本章主要介绍如何挑选适合自己的网球拍和网球；在进行网球运动时的一些注意事项，以及如何做好准备活动与运动结束后的放松整理；网球场上常见的运动损伤与预防。

2.1 网球运动装备

打网球的必要装备是球、球拍以及一些配套装备，配套装备的好坏也会影响打球时的情绪。随着我国经济快速发展，人民生活水平不断提高，市场上出售的球、球拍、拍弦、网球服的品牌越来越多，网球爱好者和要从事网球运动者必须了解这方面的知识。

2.1.1 网球

1. 网球的规格和种类

网球用球一般分为比赛用球和训练用球。比赛用球一般为黄色，训练用球有绿色、红绿相间、黄色等。网球一般是由橡胶制成，外表用无缝羊绒和尼龙织物覆盖圆形具有弹性的球。

为加快网球运动的普及与发展，于 2001 年 9 月在墨西哥召开的国际网球会议上，通过一项新的比赛用球规则——比赛用球直接由比赛场地决定。改革后的网球分为三种类型：第一种快速球，制球的橡胶比较硬，适用于红土场地；第二种中速球，制球橡胶软硬适中，也是最常见的用球，适用于一般的场地；第三种慢速球，球的直径比一般的用球大 6%，速度就相对降低了 10%，适用于硬地球场和草地球场。另外还有一种高海拔球，是适用于海拔较高的地区使用。但是这几种类型的球在重量上没有区别。（见表 2－1）

表 2－1　各种类型球的规格①

	快速球	中速球	慢速球	高海拔球
质量(g)	56.0—59.4	56.0—59.4	56.0—59.4	56.0—59.4
尺寸(cm)	6.54—6.86	6.54—6.86	7.00—7.30	6.541—6.86
弹性*(cm)	135—147	135—147	135—147	122—135
向内压缩形变(cm)	0.495—0.600	0.560—0.740	0.560—0.740	0.560—0.740
反弹形变(cm)	0.670—0.915	0.800—1.080	0.800—1.080	0.800—1.080

* 弹性：让网球从 2.54 米高度自由下落，测定其落在混凝土平面上的回弹高度（从平面至网球底部的距离）。

2. 如何选择适合自己的网球

作为网球运动的新手，建议选择低气压球来练习，这样的球具有球速慢和弹跳短的特点，在场地上瞬间移动距离短，有利于初学者多次击球，建立自信，更容易坚持下来。但是，同样是击打在甜区，低气压球和较高气压球相比，击球的手感欠佳。随着网球技战水平的不断提高，对球的选择要更倾向于比赛用球，这样能建立更完美的球感。

2.1.2　球拍

网球拍的发展历程，从最初的羊皮作为拍面的椭圆形球拍，到 1874

① 中国网球协会审定.网球竞赛规则[M].北京：人民体育出版社，2009：37.

年长手柄加穿线的拍面模式被固定下来；随后木制球拍出现，风靡上百年后被铝合金金属球拍取代，到如今主流的碳素纤维球拍，未来是否有新型材质球拍出现也未可知。（见图 2-1）

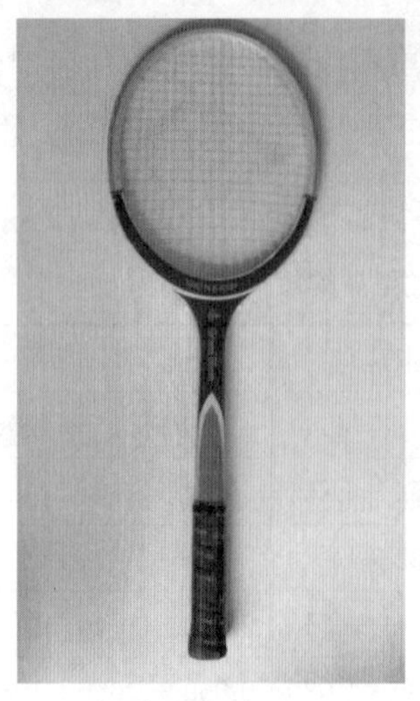

A. 木质球拍

B. 碳纤维球拍

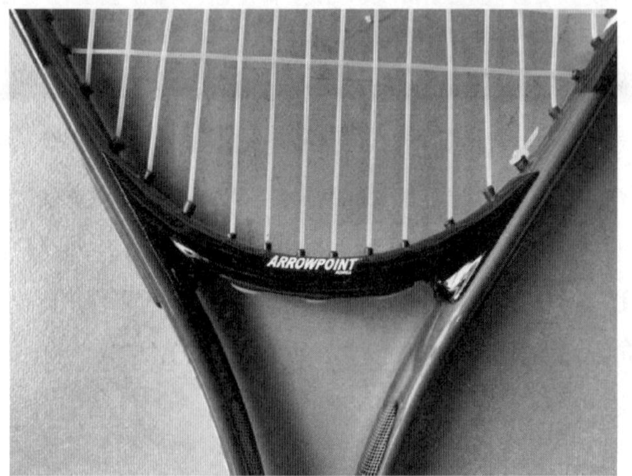

C. 铝合金非一体成型球拍

图 2-1　球拍类型

2.1.2.1　认识球拍

拍面由拍框和拍弦组成。拍框材质用碳纤维减震效果佳、轻便耐用，以往还有铝合金材质拍框（现在几乎被淘汰了）。弦穿在拍框上，拍弦根据软硬度分为硬弦和软线；根据材质可分为天然牛、羊肠线，合成尼龙线，聚酯线等。从击球手感考虑，天然牛、羊肠线更佳，但是费用太贵，一般建议使用聚酯线。拍颈为拍面和拍柄连接处，上面一般会有拍子的参数。拍柄一般是碳纤维的复合材料制成，外加一层柄皮，这层柄皮不能撕下，可在柄皮外加一层吸汗带来防滑吸汗，并定期更换。

2.1.2.2　如何挑选球拍

目前主流球拍为碳素纤维材料，由拍面、拍颈和拍柄组成，拍颈和拍面一体成型，重量轻，力学性能好。挑选球拍时主要考虑重量、拍面大小、甜区大小、材质、拍头轻重、握柄尺寸、品牌、价格和减震指数。初学者一般选拍面和甜区大一点的球拍，减震指数高点；有了一定基础后，根据自己喜好选拍，如力量大的可以选整体较重的球拍，喜欢底线大力击球的可选拍头重的，手小的可选拍柄小尺寸，年龄大的可选大拍面、大甜区、轻重量等。

1. 不同的年龄如何来选择网球拍

以球拍长度作为参考数据选择适合的球拍，这是最常见也是最简单地选拍方式。网球拍可分为儿童拍、青少年拍和成人拍。17—25 英寸球拍适合 3—11 岁儿童使用，26 英寸球拍适合 11—16 岁青少年使用，27 英寸球拍适合 16 周岁以上人群使用[①]。

---

① 1英寸为 2.54 厘米。

2. 如何选择拍弦的磅数

不同的球拍弦的排列有所不同，常见的有 18×20、16×19，拍子上有详细的介绍。一般球拍的重量在 46—60 磅之间，具体穿多少拍弦，要看不同的击球类型。力量型选手可以穿线磅数到 55 磅以上，磅数高有利控制击球；喜欢打上旋的可以穿线磅数到 50 磅以下，磅数低弹性会更好，建议初学者不要穿磅数太高的拍弦[①]。

2.1.3 网球运动的副装备

职业选手比赛前，都会背一个大包，或者再加上一个放置衣物的挎包。这个大包就是一个百宝箱，里面一般包括：

(1) 球拍：至少两把，不至于打断拍弦而影响比赛。

(2) 球：至少一罐。

(3) 毛巾：流汗时，要及时擦汗。

(4) 水或者运动饮料：运动时会流大量的汗，需要补充大量的水和电解质。

(5) 吸汗带：主要用吸汗防滑，需要及时更换。

(6) 护腕：保护腕关节，偶尔可以在打球时擦汗。

(7) 运动服：打球时要穿上运动服，流汗后要及时更换干净衣服。

(8) 网球鞋：一双高质量的网球鞋，能对你的脚起到保护作用。

(9) 运动袜：一双纯棉透气的运动袜可以避免脚上起水泡。

(10) 遮阳帽：烈日下打球戴一顶网球帽很有必要。

(11) 运动眼镜：看上去形象很“酷”，更重要的是烈日下打球保护眼睛。

(12) 创可帖：避免运动时划破手指，急救使用。

---

① 1磅为 0.454 千克。

2.2 网球准备活动及放松整理

充分的准备活动可以有效地减少运动损伤，降低身体的惰性，提升运动体验，是一项运动的开始；及时放松整理能放松肌肉，有效地缓解身体疲劳。下面将详细介绍如何科学地做网球准备活动与放松整理。

2.2.1 准备活动

每个运动项目都分为准备活动（开始部分）、正式运动、放松整理（结束部分）三个部分。准备活动是运动健身的第一步，就像汽车发动时候的自检，切记不能省略这一步骤。准备活动分一般准备活动和专项准备活动。一般准备活动是指各种运动所共有的，如颈部活动、手腕、肘肩部活动、腰背部拉伸、大小腿拉伸、跟腱拉伸以及脚踝关节活动；专项准备活动要根据项目不同来设置，对于网球，应把重点放在拉伸手腕，小臂、肩肘关节以及跟腱脚踝，把熟悉球性练习穿插其中，时间一般为 10—15 分钟，准备活动时间夏天可以稍微短些，冬天稍微长点，保证身体充分预热才可以进行正式打网球活动。

2.2.1.1 准备活动作用

（1）克服身体的惰性，尽快进入运动状态。

准备活动能提高心血管系统和呼吸系统的技能水平，调动身体各个细胞尽早进入运动状态。

（2）升高体温，提升机体代谢水平，减小肌肉黏滞性，减少机体损伤。

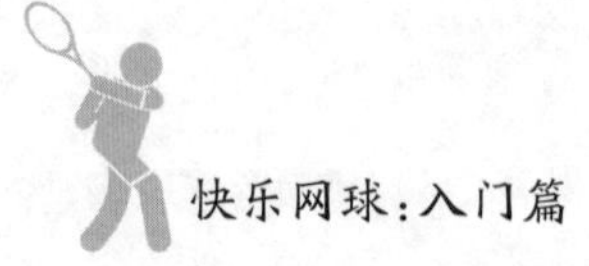

2.2.1.2 常用准备活动方法

(1) 绕球场慢跑3—5分钟，或跳绳5分钟左右，让身体进入运动状态。

(2) 进行一些简单的拉伸动作。

① 颈部拉伸：向前后左右四个方向慢慢达到自己最大幅度后停留3—5秒，接着颈部顺时针旋转一圈；第二组，颈部逆时针旋转一圈。(见图2-2)

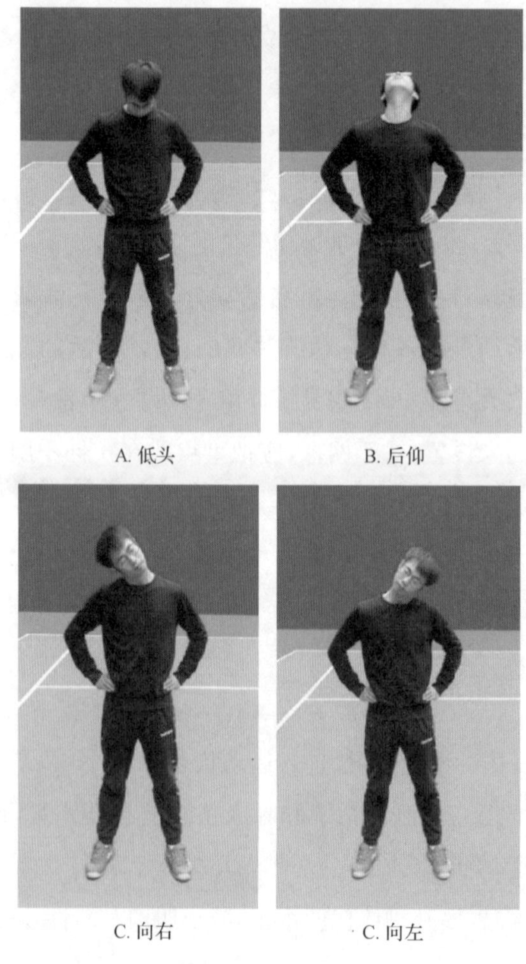

A. 低头　B. 后仰

C. 向右　C. 向左

图2-2　颈部拉伸

② 腕、肘关节周围肌肉，韧带拉伸；伸直手臂曲腕拉伸。（见图 2－3）

A. 屈手腕

B. 伸手腕

图 2－3　腕、肘拉伸

③ 肘、肩关节周围肌肉，韧带拉伸；肘关节弯曲，手握拳，手臂内旋伸直。（见图 2－4）

A. 右肩拉伸

B. 左肩拉伸

图 2－4　肩部拉伸

④ 肩、胸廓周围肌肉，韧带拉伸：方法一，两手臂伸直从身体两侧缓慢上举，两臂紧贴耳朵，两手相扣，向上举至最大幅度，停留 5—8 秒，缓慢从两侧下落。可练习 3—5 次。方法二，两手臂侧平举缓慢向上直到两手交叉，两手指相扣，有节奏地向左右拉伸。（见图 2－5）

A. 侧平举

B. 手臂上举

C. 体侧

图 2－5　肩、胸廓周围肌肉，韧带拉伸

⑤ 背部肌肉拉伸，两腿分开略比肩宽，两手臂侧平举，缓慢弯腰，采用左手碰右脚，右手碰左脚的转体方式。（见图 2－6）

A. 侧平举

B. 右手碰左脚

C. 左手碰右脚

图 2－6　背、腰拉伸

⑥ 大腿肌肉群和膝关节韧带拉伸：采用站立体前屈拉伸大腿后侧肌肉；站立屈膝拉伸大腿前方肌肉和膝关节韧带；弓步压腿拉伸大腿前后肌肉以及脚踝小腿肌肉；侧压腿拉伸大腿内侧以及小腿肌肉。（见图 2-7）

A. 站式体前屈

B. 后屈拉伸

C. 弓步压腿

D. 侧压腿

图 2-7　腿、腰部拉伸

⑦ 脚踝关节周围肌肉，韧带拉伸；屈步压腿拉伸大小腿后侧以及脚踝肌肉。（见图 2－8）

屈步压腿

图 2－8　小腿后侧拉伸

（3）拿起球拍，进行一些简单的挥拍练习以及拍球，颠球的球性练习。

2.2.2　放松整理

最好的骨骼肌是用时硬如铁，松时如棉花，这是对运动后的放松整理活动重要性的最好表述。网球运动结束后，要想体能快速恢复，我们必须做一些牵拉、敲打肌肉的动作，让肌肉的乳酸能够快速地消失，肌肉快速到达放松状态，这样才能减少肌肉由于过度疲劳损伤而无法继续参与运动。

以下是放松的一些常用方法：

（1）拉伸：方法见准备活动。

（2）可以揉捏，敲打各部分肌肉群以达到放松目的。

2.3 网球常见伤病预防

网球不仅是一项高雅的运动，还可以丰富人们业余生活，陶冶情操，促进身心健康。但是在运动中若准备活动不充分、身体素质差、使用错误的网球技术动作等，都会对身体造成损伤。下面介绍几种最常见的网球运动损伤。

2.3.1 手脚起水泡

1. 原因

手起水泡是球拍握柄粗糙、胶皮硬，握拍太紧，打不准球致球拍经常转动等原因造成；脚上起水泡是鞋子不合脚、袜子太滑、在球场上跑动姿势不正确等原因造成。

2. 预防与治疗

选一把适合自己的球拍，球拍的握柄要经常更换优质的吸汗带，改善击球手感。提高手臂力量，练习在击球的瞬间抓紧拍柄，经常练习以提高自己击球准确性。穿上网球鞋和专用网球袜，网球袜要加厚易吸汗防滑的，减少脚与鞋的摩擦。水泡一旦形成，要刺破水泡并挤出积液，擦碘酒消毒，等患处自然干燥。要避免新的刺激，待患处完全康复后，将周围皮剪掉。

2.3.2 腕、肘、肩、膝与踝关节扭伤

1. 原因与症状

内部原因：由于准备活动不充分、动作错误、疲劳造成肌肉和韧带拉

伤，一般为长期积累产生的。临床表现为：伤处在发力、按压时疼痛，平时不疼。

外部原因：由于场地不平移动扭伤、踩到球上、鞋子不合脚等外部因数造成扭伤，一般为突发性的，轻者韧带拉松，重者关节脱臼、韧带断裂。

2. 预防与治疗

预防：打球前要做好准备活动，让身体提前预热，从头部到脚各个关节都要充分拉伸；要正确掌握网球的击球技术和发力顺序，运动后要注意放松肌肉关节，疲劳时注意休息，加强小肌肉群的力量练习；穿合适的鞋子上场，打球时及时捡起场地上的球，在不平的场地上打球时，要注意移动步伐。

治疗：如果是慢性损伤，应该经常热敷并按摩患处，也可以用膏药或者跌打损伤的药，注意多休息；如果是急性损伤，应该立即冷敷 15 分钟左右，使毛细血管快速收缩，不至于造成更大的红肿；如果伤情严重，应立即加压包扎后送医院。

2.3.3　肌肉痉挛

1. 原因与症状

由于长时间运动疲劳的积累、天气过于寒冷、运动时大量排汗、无机盐（特别是钾离子）得不到补充所造成的；临床表现为肌肉收缩，无法伸直，疼痛难忍。

2. 预防与治疗

运动时要及时补充运动饮料，必要时吃一些富含钾离子的水果（香蕉等）。注意休息，不能过于疲劳，冬天打球注意保暖。出现肌肉痉挛时，要及时治疗，慢慢进行牵拉，直至肌肉正常活动为止。

2.3.4 膝关节的损伤

1. 原因与症状

打网球膝关节受伤，一方面是因为错误的步伐移动造成的，在球场上一定要注意重心是在前脚掌，移动时，要以前脚掌为轴，切记不能以全脚掌为轴；另一方面是运动量和运动强度大，身体机能跟不上，长期积累造成的。这是一种慢性损伤，膝关节负重时隐约疼痛，通过准备活动让膝关节完全活动开后，疼痛会有所减轻，但随着运动量加大，第二天疼痛会加重。

2. 预防与治疗

要掌握正确的步伐移动，减少膝关节横向转动，增加膝关节周围的肌肉力量练习，注意运动量，切不可一次贪图酣畅淋漓，而超出身体承受范围。

2.3.5 网球肘

1. 原因与症状

许多网球爱好者都会产生这一现象，主要原因是击球点靠后，肘关节肌肉力量薄弱和错误的技术动作，导致网球肘的产生。表现为五指握紧，小臂内旋然后再伸直时，肘关节内侧或外侧有疼痛感。内侧网球肘是由发球或错误的正手技术动作造成，外侧一般是由错误的反手技术动作造成。

2. 预防与治疗

加强肘关节的力量练习，掌握正确的击球技术可以有效地预防网球肘的产生；治疗网球肘的最好方法是按摩、热敷和活血化瘀的药，并注意休息。

2.4 网球的身体素质训练

身体素质是从事一切运动的基础，优秀的身体素质为运动技能的提升提供了“燃料”，网球运动更是如此。我们通常把身体素质分为力量、速度、柔韧、灵敏和耐力五大要素。下面介绍常见的网球专项身体素质的几种练习方法。

2.4.1 力量训练

力量，通常指一块肌肉或一组肌肉抵抗阻力的最大力量。加强力量练习可以有效地减少网球运动中的损伤，提高快速跑动的能力，增加击球的速度和力量，更好地控制身体平衡以完成击球。

力量练习要从自身实际情况出发、循序渐进，并以徒手练习为主。方式如下：

（1）俯卧撑练习上肢力量，分手指向内、向外、向前三种练习，可以刺激不同的肌肉群，还可以垫高脚的支撑来增加难度。

（2）用实心球来进行上肢和腰部练习，能更好地训练出击球的流畅性。

（3）可以用平板支撑、仰卧举腿、俄罗斯转体来练习腹部肌肉。

（4）深蹲跳起、蛙跳、纵跳、弓箭步跳来增加下肢和踝关节力量。

注：儿童不宜过早进行负重的力量练习。

2.4.2 灵敏训练

灵敏是网球运动必不可少的要素，尤其是脚步灵敏性可以让击球者

快速地调整到最佳的击球位置,因此对网球爱好者有着重要的意义。下面是几种常见便捷的练习方法。

1. 绳梯是练习脚步灵敏的有效器材

练习方法:根据练习者的能力,调整绳梯间隔宽度,可以单脚跳或双脚跳,也可以在绳梯间隔中急停急起练习。

2. 在球场"米"字跑(见图 2-9)

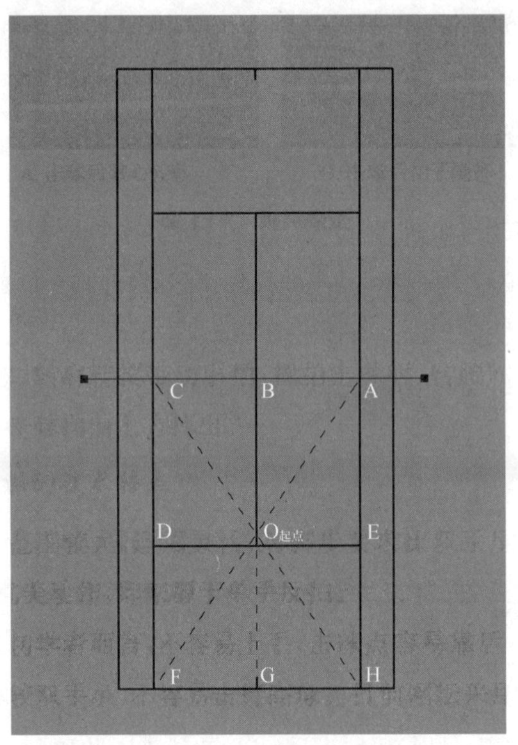

图 2-9 "米"字跑示意图

练习方法:每次快速移动必须从 O 起点开始,直到跑完全部八条线路,在移动中须运用前后左右的滑步来完成。

3. 跳绳

跳绳可以有效地锻炼脚步的灵活性，可以用单脚、双脚、双飞等形式的跳绳来练习脚步。

2.4.3　耐力训练

耐力是指低强度长时间身体连续运动和延缓疲劳出现的能力。网球运动急停急起，折返跑比较多，每次跑动的距离不超过 10 米，绝大多数集中在 5 米以内，因此网球的耐力训练应该以速度耐力，长时间间歇性为主。

1. 10 米折返跑

练习方法：两排网球相隔 10 米，每次只允许推动一个球，直到把两排球都推完。

2. 循环训练

如 1 分钟跳绳、正反手各 30 次阻力挥拍、2 分钟大角度跑动击球，循环训练。

2.4.4　速度训练

速度是指单个关节或身体作为一个整体配合运动时所花的时间，分为反应速度和位移速度。快速的位移速度为有效的击球提供了基础，快速的反应为网前截击和底线接暴力发球提供了基础。以下练习有助于提升网球运动的速度。

1. 增强脚踝关节的肌肉爆发力练习和增强大腿股四头肌等肌肉可以有效地提高启动速度。

2. 用负重提踵练习可以提升脚踝关节力量，蛙跳、深蹲等可以提高大腿肌肉群的力量。

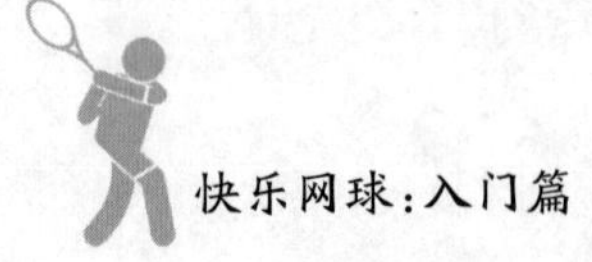

2.4.5 柔韧训练

柔韧肌肉韧带和关节系统活动的范围。网球爱好者身体柔韧性越好，越可以有效减少运动损伤。

练习方法主要对关节周围的韧带肌肉的拉伸（见本章准备活动中的拉伸介绍）。

第二部分

网球运动技能

这一部分主要内容包括网球的球感、网球步法、网球的基本击球技术、网球基本战术。其中，网球的基本击球技术是网球学习的基础，故本部分是该书最重要的内容。

网球基本击球技术主要讲解正手、反手(单反和双反)、发球、接发球、网前截击，以及高压球、挑高球、放小球等，并列举常见错误动作以及纠正的手段，同时提出了更加高效的练习方法。本章技术动作解析按照 1—2—3—4 原则，即每一个技术动作分为 4 个步骤，具有简单、高效、实用之特点。特别适合零基础的网球爱好者阅读参考，对有一定基础的网球爱好者亦有裨益。

第 3 章　网球运动入门

在学习击球技术动作之前，我们要了解球的弹性，以及球的不同旋转弹跳高度，这样有利于做出准确判断；握拍是击球动作的基础，不同的技术握拍有所不同，大家要能熟练地变换各种握拍方式；步法是网球运动的"灵魂"，快速精准的步伐能让大家找到最佳的击球位置，为我们打出高质量的回球提供保证；击球站位可以保证大家稳定地击球。本章将从球感、握拍、步法，以及击球站位四个方面带领大家走近网球运动。

3.1　网球的球感学习

球感是指球类运动员的专门化知觉，运动员在长期的球类训练过程中形成的对球的形状、轻重、弹性、硬度，击球的力量速度和高度乃至方向变化等方面的知觉[①]。当我们初学打网球时，会出现一种现象：当你跑到球的位置准备引拍击球时，发现球已经到你身后，并且来不及后退，感觉自己跑快了，要是能慢一点该多好。这就是由于自己对球的判断不够，还没有建立起对于球落地后能弹起多高、多远、弹向什么方向的正确的概

① 林崇德.心理学大辞典：上卷[M].上海：上海教育出版社，2003：955.

念。对于这种现象，很多教练会讲“球感不好”。那球感如何练习？下面介绍几种球感的练习方法。

3.1.1 徒手球感练习方法

徒手球感练习是不受场地限制，随时随地都可练习：在办公室、在家中、在球场都可以练习。比较适合工作时间紧、很难抽出固定时间打球锻炼的球友。常见的徒手接球方法：

1. “自抛自接”

方法：将球高高抛起，可落地或不落地接球；可双手或单手接球；可把手固定至髋关节处，靠脚步移动来用手接球；可抛起后转身接球。

2. “拍篮球”

方法：像拍篮球一样单手拍球、双手交互拍球、胯下拍球、身后拍球等。（见图 3－1）

图 3－1 球感练习—用手拍球

3. 接“墙回弹球”

方法：即把球抛向墙，球回弹后，可在落地或不落地时接住，也可固定手的位置接球。

4. 把球抛向固定点

方法：在远处放一柔软物品，抛出球自由落体，落在目标上；在高空想象一个固定点，把球抛出，球可以无限接近这个点，但不能击中此点。

3.1.2　持球拍练习方法

持拍练习球感，不像徒手那样可以随时随地练习，但是这种方法是对于网球入门最重要的。因为网球是持拍击球的球类运动，而不是手直接接触球的，所以这也是必须经历的过程。下面介绍几种常见的持拍练习球感的方法：

1. 颠球拍球

方法：用拍面颠球拍球，用拍框颠球拍球。可以更好地感受到球的弹性和力量，以及增加手对球拍的控制。（见图 3 - 2）

A. 拍面颠球

B. 拍框颠球

C. 拍面拍球

图 3 - 2　球感练习

2. 接球

方法：把球高高地抛向空中，用拍子接住下落的球，让球落在拍子上不能弹起。（见图 3－3）

A. 球抛起　　B. 泄力接球

图 3－3　球感练习

3. 推球

方法：拍面垂直于地面，把球向前推动，要求球沿直线滚动。（见图 3－4）

4. 用拍子接“墙回弹球”

方法：用拍子接墙回弹的球，可落地或不落地接球。

5. 对墙击打凌空球

方法：对墙击打球，不落地凌空击打。

注：球性练习可一人亦可多人，部分方法适合办公室和居家练习。

图 3-4　球感练习——推球

3.2 握　拍

握拍是学习网球的开始，根据自己的特点选择适合握拍方式有利于网球技能的进阶。

3.2.1 握拍演变

网球的握拍方式从当初大陆式，经历了东方式、半西方式、西方式的发展，而球拍的科技、场地的类型和球员的身体素质是影响握拍变化的主要因素①。现在底线正手主流的握拍为半西方和西方式两种，球员也会根据场上击球点的位置做出微调，所以每位球员需要掌握至少两种以上的

① 黄剑.浅析网球正手握拍方式的演变[J].体育世界(学术版)，2008(10)：11-13.

握拍方式,以便从容应对场上的变化;握拍方式没有绝对的正确与错误之分,只需要考虑是否适合,适合自己的就是正确的。如费德勒采用半西方式与纳达尔采用西方式握拍,虽然握拍方式不一样,但他们都成为世界网坛优秀的运动员。

目前常见的握拍方式有东方式、大陆式、半西方式、西方式四种握拍方式。

3.2.2 握拍方式的区分

关于握拍有很多区分方法,最常见的是用大拇指和食指的虎口对准拍柄上的平面来区分,但是虎口太大,有时还是很难区分。本书从确定虎口的具体位置来对准拍柄上相应的棱线来区分,这样会更容易区分。手指自然伸开不要用力,食指和大拇指的虎口,最接近大拇指的指根处为固定点;拍柄有八个面、八条棱,让拍面垂直地面时上面的面称为上平面。(见图 3-5)

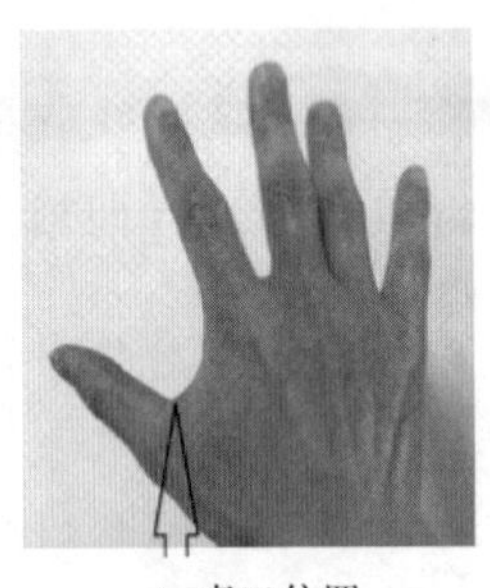

A. 虎口位置

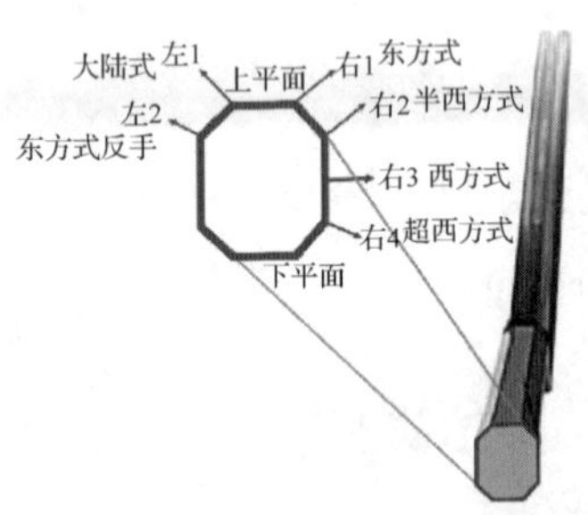

B. 拍柄棱与面的示意图

图 3-5 握拍标志图

大陆式握拍:虎口的固定点对准拍柄上平面左边第一条棱(左 1 位置)。

东方式正手:虎口的固定点对准拍柄上平面右边第一条棱(右 1

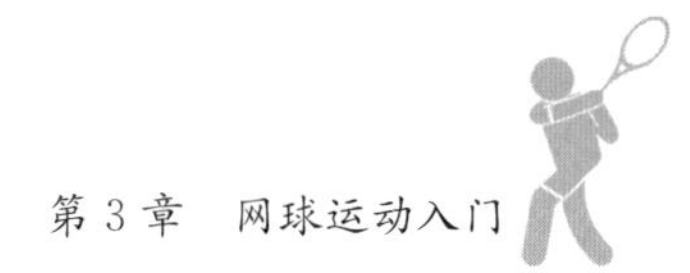

位置)。

东方式反手:虎口的固定点对准拍柄上平面左边第二条棱(左 2 位置)。

半西方式正手:虎口的固定点对准拍柄上平面右边第二条棱(右 2 位置)。

西方式正手:虎口的固定点对准拍柄上平面右边第二条与第三条棱中间(右 3 的位置)。

3.2.3　各种握拍方式的应用及优缺点

1. 大陆式握拍(见图 3 - 6A)

应用:大陆式握拍击球方法和东方式一样都是比较老式的打法,现在在底线击球进攻中很少运用,在发球、网前截击、高球高压、切削球中运用比较多。

优点:在被动防守中推挡球比较容易,在网前截击中正反手无需更换握拍方式;切削击球时,可以打出下旋球。

缺点:很难击打出强烈的旋转球,难以处理高球。

2. 东方式握拍(见图 3 - 6B)

应用:东方式握拍在 20 世纪 90 年代以前运用的较多,是一种比较老式的击球方式,现在的上手发球,单手反拍运用较多。

优点:处理低平的球比较容易,击出平击球比较容易,上手快,击球准。

缺点:处理肩部以上的高球较难,不容易击出强烈的旋转。

代表球星:皮特·桑普拉斯。

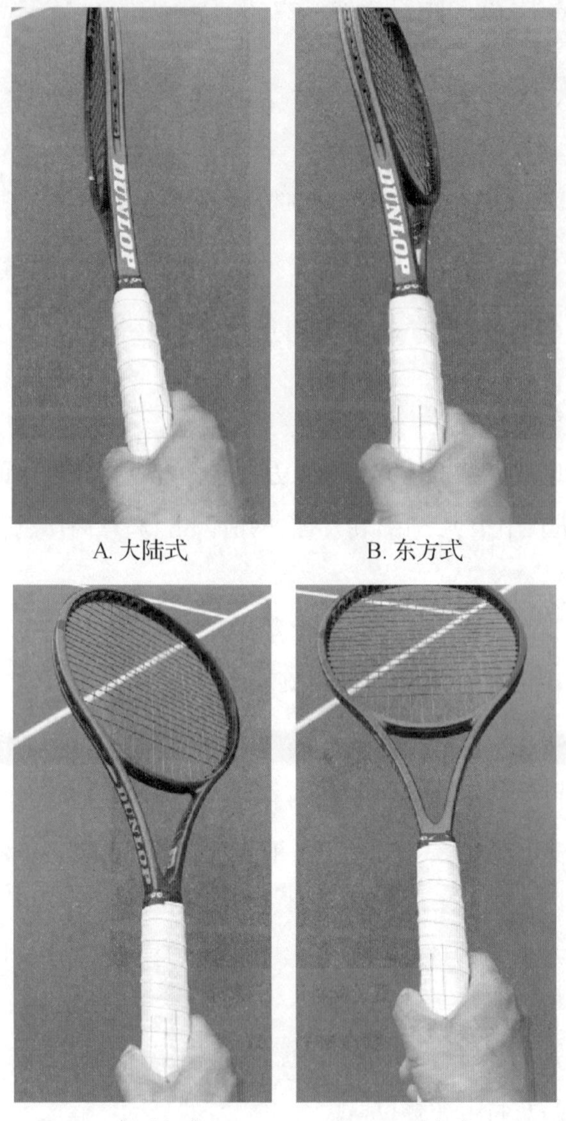

A. 大陆式　B. 东方式

C. 半西方式　D. 西方式

图 3－6　四种握拍方式

3. 半西方式握拍(见图3-6C)

应用:半西方式握拍方式是现在网坛主流的击球方式之一,主要应用在底线、半场、凌空抽击等击球技术中。

优点:可以很从容地处理各种来球,可以击出较强烈的旋转球,上旋和平击可以从容地切换。

缺点:不能切削球,不能网前截击。

代表球星:罗杰·费德勒。

4. 西方式握拍(见图3-6D)

应用:西方式握拍的应用和半西方式同样广泛。

优点:容易打出强烈的旋转与过网急坠球。

缺点:对于初学者很难上手,很难打准球,以及很难处理很低的球。

代表球星:拉菲尔·纳达尔、诺瓦克·德约科维奇。

以上这些握拍方法只是给大家选择握拍方式时的一个参照,并不是一成不变的,如东方式正手握拍对准向上平面右边第一条棱,只是以这条棱为中心点,可以向右偏一点,也可向左偏一点,但不能偏多,向左偏多就成大陆式握拍,向右偏多就成半西方式握拍。

3.3 网球场上的步法

步法是网球比赛中球员为了获得最佳的击球站位而采用的各种脚步动作的统称。网球运动中有句俗语"网球是用脚打,不是用手打的",很多人不理解这句话。在网球场上,我们需要的是全方位的跑动,左右跑动接离身体较远的球,向前跑动接离网较近的短球,向后跑动接过顶高球。快

速稳定的跑动，为精准的击球提供必要条件，否则再完美的击球动作也是无效的。正确的步法是快速移动的基础，也是网球比赛中运用最多的基本技术。网球场上的步法分为移动步法与击球步法（击球站位）。

3.3.1　基本姿势

在网球场上，运动员要保持一个既平衡稳定又便于移动的身体姿势（基本姿势），基本姿势是球员在网球场快速移动能平稳击球的保障。保持正确的基本姿势，能够让身体各部处于最佳的工作状态，便于快速地完成各种动作的衔接，协调地完成各种击球的技术动作。

1. 动作方法

两脚开立，约与肩宽，膝关节微屈，重心在两腿之间并落于前脚掌，上体微微前倾，双手持拍于胸前。（见图 3－7）

图 3－7　基本姿势

2. 易犯错误及纠正

易犯错误:重心在全脚掌,上体后座,没有前倾。

纠正方法:体会趴在桌子上的前倾姿势,避免坐在凳子上的姿势。

3.3.2　网球场上常见的移动步法

网球场上快速灵活的移动步法是准确击球的基础,作为初学者要掌握几种常见的移动步法,如分腿垫步、上步、后撤步、并步、交叉步、急停急起、小碎步。

1. 分腿垫步

在网球运动中分腿垫步是很多技术动作的开始,能够更加快速和稳定地起动,如在底线正反手击球、上网截击、接发球等起动时被采用。

动作方法:两脚蹬地微微跳起分开,分开距离约与肩同宽,让身体重心回到两腿之间,并落于前脚掌,上体前倾。(见图 3-8)

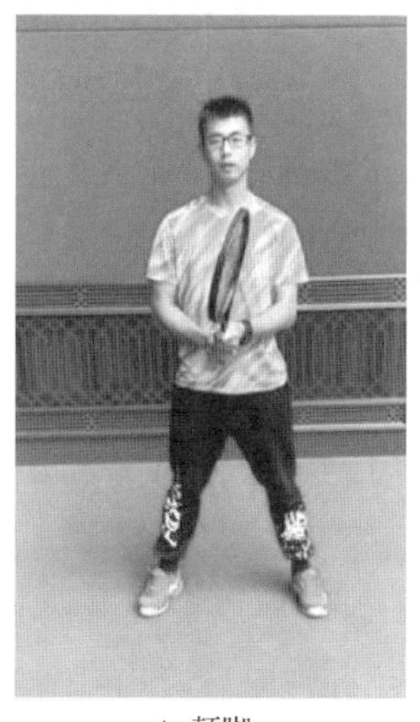

A. 颠脚

B. 分腿

图 3-8　分腿垫步

时机：分腿垫步的时机应该在对手击球的瞬间。

目的：实现身体再次平衡，并快速为下一次步伐移动做准备。

2. 上步

上步一般是接分腿垫步后出现，身体准备向前移动时而采用。

动作方法：以上左脚为例，左脚蹬地、转髋，带动身体向右转动，再以右脚前脚掌为轴，左脚向前跨出，跨出距离约与肩宽。（见图 3－9）。

A. 重心右转

B. 向前跨左脚上步

图 3－9　上步引拍

3. 后撤步

后撤步一般是在对面来球太快，来不及进行上步移动，而采用向后移动，为自己争取击球时间的一种步法。

动作方法：以右脚后撤为例，分腿垫步后，以左脚前脚掌为轴，右脚前脚掌内侧蹬地，加上腰部用力后转，右脚向后跨出，距离约与肩宽。（见图 3－10）

A. 重心左移

B. 后撤右脚

图 3－10　后撤步引拍

4. 并步

并步在网球运动中是重要的移动步法之一，在底线击球后回位时采用侧并步，在向前移动击打中场球时采用的前并步，在向后移动时采用的后并步等。

动作方法：以向左并步为例，右脚内侧脚掌用力蹬地带动重心由右向左移动，此时右脚贴地面跟随左脚向左移动，要以前脚掌落地，保持膝关节微屈，上体前倾，重心起伏不能太大，尽量保持在两腿之间。（见图3－11）

5. 交叉步

交叉步一般在高压球后退、底线快速回位时采用较多，在启动初期可以保持身体平衡和较快的起动速度，有时需要结合其他脚步动作来完成。

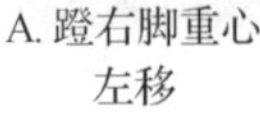
A. 蹬右脚重心左移　　B. 并右腿　　C. 回到基本姿势

图 3－11　(滑步向左的)平行滑步

动作方法：交叉步向右移动时，左脚前脚掌内侧用力蹬地，右脚碾地，上体随之右转，左脚迅速从右脚前面向右侧横跨，转移和控制身体重心，以便衔接奔跑或滑步动作。(见图 3－12)

6. 小碎步

碎步是为了调整重心平衡和速度来获得最佳击球位置而运用的一种方法。

动作方法：碎步移动时，两脚平行开立，两膝保持弯曲，不停顿地用前脚掌蹬地，用小而快的步法向左右前后移动，移动时保持重心平衡，上下起伏不要太大。

7. 网球场上常见技术动作步法组合

底线正反手步法：垫步＋并步＋上步＋小碎步，形成正反手的步法。

网前截击步法：分腿垫步＋上步，形成网前拦网步法。

A. 左脚蹬地
重心右移

B. 左腿向右交叉

C. 回到基本姿势

图 3－12　交叉步移动

高压步法：分腿垫步＋交叉步＋小碎步，构成空中高压的步法。

发球步法：并步跳起或者原地跳起。

3.4 击球站位

在球场上所有的跑动都是为了获得最佳的击球站位，来保证稳定地击球。所谓击球站位是指在较短的时间内所采用的脚步蹬地发力模式，不同的站位也会产生一些不一样的击球效果。有四种站位：开放式站位、半开放式站位、平行式站位和关闭式站位。

3.4.1　开放式站位

动作方法：两脚开立约与肩宽，两脚连线与底线近似平行。（见图 3－13）

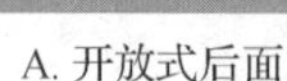

A. 开放式后面　　B. 开放式正面

图 3－13　开放式站位

特点：准备时间短，能实现最大幅度的全身旋转，可以充分地运用腰部力量，准备时像弹簧一样压紧，达到最大力量的释放。相比其他三种站位，身体的旋转幅度更大，产生的旋转也最多。击球时步幅调整较小，在底线跑动中击球和接发球时更具有优势。

3.4.2　半开放式站位

动作方法：半开放式站位式介于开放式和平行式站位之间，两脚分开约与肩宽，两脚连线与底线夹角约 45°。（见图 3－14）

特点：半开放式不仅具有开放式站位击球的稳定，同时还具有平行式站位的力量，是现代网球技术中常用的技术之一。

A. 半开放式正面

B. 半开放式后面

图 3－14　半开放式站位

3.4.3　平行式站位

动作方法：两脚分开约与肩宽，两脚连线与端线近似垂直。（见图 3－15）

A. 平行式站位
后面

B. 平行式站位
正面

图 3－15　平行式站位

特点：击球点更靠前，击球更具有威力，一般在上步进攻时使用，也是最容易掌握的一种站位，比较适合初学者使用。

3.4.4　关闭式站位

动作方法：当内侧腿向前一步与外侧腿形成交叉时，便是关闭式站位。（见图 3－16）

特点：现代网球正手技术中关闭式站位越来越少，但在随球上网的击球中经常使用；由于身体结构原因，在反手击球中经常被使用，特别是单反技术；采用关闭式站位更容易使用身体力量打球。

A. 关闭式站位
侧面

B. 关闭式站位
前面

图 3－16　关闭式站位

第 4 章　网球正反手技术

网球被戏称为“绿色鸦片”，是因为身体活动的参与者在底线持续多拍的击球，能够不断享受击球的愉悦感，让击球者更加容易“上瘾”。拥有正反手技术，是保证底线持续击球的基础。正手击球是网球技术中最基本的击球方式，是初学者最先学习和使用的击球技术。

本章主要讲解底线正反（单反和双反）手抽击球、正反手切削球技术动作，并列举常见错误动作以及纠正的方法，同时提出更加高效的练习方法。为掌握雷霆万钧的“致命”正手击球技术和“精确制导”的反手击球技术做好准备。

4.1 网球正反手抽击落地球

如今的网球运动中，许多新型材料得到了广泛应用，如球拍、球线的工艺材质都有很大的提高，以至于球的速度、旋转速度随之提高，因此网球的技术动作也在不断地更新发展。目前网球底线的正反手握拍主要集中在半西方式和西方式，大陆式和东方式则很少被采用。对于初学者，一般采用半西方式或东方式的教学。随着技术水平的进步，每个人的握拍会不断地发生变化，一直到找到最适合自己的握拍。本书主要使用右手

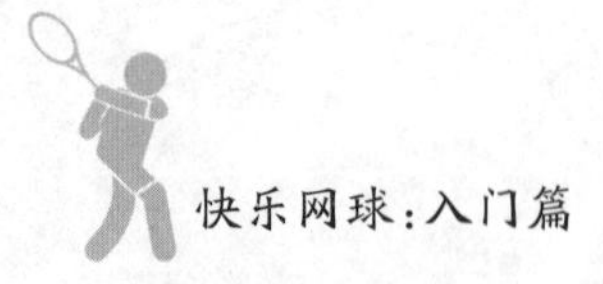

握拍来进行讲解，左手握拍的初学者可以参考。

4.1.1 正手抽击落地球

1. 技术动作

网球的正手抽击落地球技术动作分解为四个步骤：握拍准备、转肩引拍、挥拍击球、随挥跟进。

(1) 握拍准备阶段

初学者可以采用半西方式握拍，也可以采用东方式(随着技术提高可以寻找适合自己的握拍方式)。面对球网，球拍放在身体正前方，右手持拍到拍柄底端，左手放在拍颈处，球拍的重量集中在左手，右手处于放松状态便于快速变换握拍，两肘关节向下，微微向两侧打开。两脚自然分开略比肩宽，两膝微屈，身体重心放在前脚掌(注意：此时头顶高度比身体站直高度大约低 20—30 厘米，重心有一种趴在桌子上写字的感觉，而不是坐在椅子上听课的感觉)。此时球员应该放松身体并眼盯来球，准备击球。(见图 4-1)

A. 握拍特写

B. 准备姿势正面

C. 准备姿势侧面

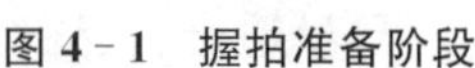

图 4-1 握拍准备阶段

（2）转肩上步引拍

准备正手击球时，转肩转髋，左脚前跨或右脚后撤步，与端线大约成 45°角，形成膝关节微屈，重心在两腿之间，两脚平行式击球站位(具体要领见本书第 3 章 3.4 击球站位)，然后重心由高向低微微下降，手腕外展，手臂自然放松。转肩过程中，用球拍的击球面对准来球，像探照灯一样，锁定来球，逐步移动，直至拍头指向后方的挡网，拍面近似垂直地面，拍头向上稍高于手腕，并低于来球的高度。同时，左手指向来球，以便感受球的速度和位置，并使身体保持平衡。(见图 4 - 2)

（3）挥拍击球

正手挥拍击球时，右脚蹬地转髋，带动转腰转肩，重心由后向前移动，带动手臂向前上方移动挥拍击球，此时应该大臂发力，小臂放松，手腕动作相对固定。击球点的理想位置在腰部，身体前约 20 厘米处，击球瞬间，拍面和地面近似垂直。(见图 4 - 3)

（4）随挥跟进阶段

击球后，球拍继续向球飞行的方向挥动，随后球拍继续以惯性随挥上肩。此时要求初学者右肘到肩的高度，右手小拇指外侧接近左耳根部，嘴唇可以亲吻到小臂，拍面垂直后背，拍头向下，左手扶住拍颈。同时，重心移动到左脚，右脚跟完全抬起。要特别注意右肩膀的方向正对着网球落地的方向。(见图 4 - 4)

2. 动作要点

转肩引拍时，以肩—肘—小臂的顺序，拍头从头部的高度向后引动，理想的击球点在身体右前方区域。挥拍击球时，拍子低于来球的位置向前挥动。挥拍的力量主要来源于转腰，转肩带动大臂，小臂随挥组成的动力链，来完成击球。

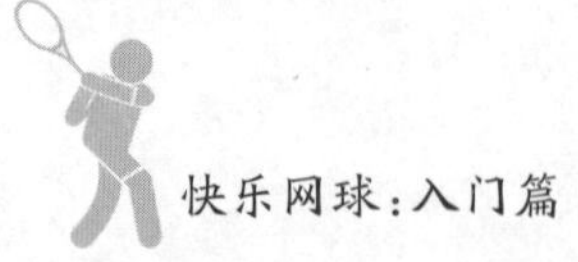

A. 转肩

B. 重心移到右腿
(左脚前跨)

C. 上步引拍正面

D. 上步引拍侧面

图 4－2　转肩引拍

A. 手指来球

B. 蹬地挥拍

C. 击球瞬间侧面

D. 击球瞬间的正面

图 4-3　挥拍击球阶段

A. 球拍向球飞行方向移动

B. 拍子随挥上肩

C. 拍子随挥上肩侧面

D. 拍子随挥上肩后面

图 4-4　随挥跟进阶段

4.1.2　反手击打落地球

网球的反手技术与正手同样重要，拥有出色的反手击球技术，是获得比赛胜利的关键因素之一。精彩的反手准备动作犹如倒拔垂杨柳，进攻形如大鹏展翅，神若拔山盖世。在网球基本技术的学习中，一般是先底线正手，然后反手，一般业余网球选手的正手都比反手要强大得多（职业选手中也有这种情况，如美国的罗迪克等也是正手强于反手）。因此，若想提升水平学习好反手尤为重要。反手分为单手反手、双手反手两种打法，两种打法各有所长。

4.1.2.1　单手反拍抽击落地球

1. 技术动作

单手反拍抽击落地球技术动作分为四个步骤：握拍准备、转肩引拍、挥拍击球、随挥跟进。

（1）握拍准备

在准备过程中，一般采用正手握拍方式，握拍时，大拇指、食指、中指是完全放松状态，拍子的重量集中在小拇指和无名指上，当需要反手击球时，可以在转肩上步的瞬间转换到东方式反手握拍。准备姿势与正手一样，建议初学者练习时可以先采用单手反拍的东方式握拍。（见图 4－5）

（2）转肩引拍

眼盯来球，转肩上步（或后撤步）同时变换握拍并向后引拍，使球拍的拍柄尾部对准来球，把脚和身体调整成平行式的击球站位，身体重心移至两腿之间，屈膝，继续向后引拍，让右肩对准来球（保证充分转肩），拍头指向正后方（甚至可以超过 10 度）并低于来球的高度。所有的步伐调整都必须在这一阶段完成。（见图 4－6）

图 4-5　握拍准备

A. 转肩引拍正面

B. 平行式站位击球正面

图 4-6　转肩引拍

（3）挥拍击球

在经历了准备阶段以后，后腿蹬地转肩，重心前移至右腿，控制住肘关节和腕关节，拍面由低于来球的位置向球的方向快速挥动，击球时要求拍面近似于垂直地面，挥拍轨迹球由下向上，切记保持肘关节伸直，以大臂带动小臂向前上方挥拍。（见图 4－7）

A. 眼盯来球

B. 击球瞬间

图 4－7　挥拍击球

（4）随挥跟进

击球以后，球拍继续向前上方挥动，左手臂膀的动作伸展，以保持身体平衡，展示雄鹰展翅之姿态。重心继续向右脚转移，直到完全在右脚，此阶段手臂放松，惯性挥到右肩上（此时，右肩的方向对着网球飞行的方向），左脚跟上，身体转向正对球网，恢复到准备姿势。（见图 4－8）

A. 击球后重心转移

B. 击球后拍子随挥

图 4-8　随挥跟进

2. 动作要点

引拍时，要以转肩转腰带动引拍；挥拍击球时，转腰转肩带动大臂挥拍；拍面要低于来球向前上方挥出。

3. 单手反拍的技术特点

优点：防守范围较大，运用灵活，对脚步要求比双手反拍低。网球中"大鹏展翅"的优美动作，即来源于单手反拍。

缺点：对于初学者而言，不容易上手，击球点容易靠后，容易造成网球肘，单手力量相较双手小，不容易击打高球。目前网坛采用单手反拍的球员较少。

4.1.2.2　双手反拍

1. 技术动作

双手反拍动作仍分解为四个阶段：握拍准备、转肩引拍、挥拍击球、随挥跟进。

(1) 握拍准备阶段

双手反拍握拍，两手都要握在拍柄上，左手在上采用东方式正手握拍，右手在下采用东方式反手握拍，发力方式是左手主导，右手辅助，两肘关节自然下垂；两脚自然分开与肩同宽或略比肩宽，两膝微屈，重心在前脚掌，眼盯来球方向。（见图 4 - 9）

A. 握拍特写

B. 准备姿势侧面

C. 准备姿势正面

图 4 - 9　握拍准备

(2) 转肩引拍阶段

转肩转腰带动手臂引拍，右臂自然伸直贴近身体，左臂自然弯曲，拍面近似于垂直地面，拍头指向正后方，迅速向来球方向上步，形成两膝微屈，重心在两腿之间，并在前脚掌的姿势，拍柄底端对准来球，眼睛紧盯来球，形成平行式或半开放式的击球站位。（见图 4 - 10）

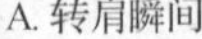
A. 转肩瞬间　　B. 重心转移至左　　C. 转肩后上步

图 4－10　转肩引拍

(3) 挥拍击球阶段

击球前的瞬间，右脚向来球方向调整一步，左脚蹬地转髋转腰转肩带动手臂挥拍击球，此时左手主导发力，右手辅助，要求拍面几乎与地面垂直，由来球的下方向来球方向挥动，击球点在身体前方。(见图4－11)

A. 左腿蹬地瞬间正面　　B. 重心移到前腿　　C. 击球瞬间的拍面

图 4－11　转肩引拍

(4) 随挥跟进阶段

击球后,拍面继续向球飞行方向移动,直到手臂无法向前移动。在拍面向前移动的同时,拍头迅速向前上方挥动,拍头上移的速度须快于手,直到拍面触碰到右后背上部,并垂直于整个后背,两肘高高抬起,左手指与手面部分贴近右耳根部。(见图 4 - 12)

A. 击球后拍子移动

B. 拍子随挥

C. 拍子随挥上肩

D. 随挥完成

图 4 - 12　挥拍击球

2. 动作要点

引拍时，转肩要充分。向前挥拍时，重心由后向前移动，以转肩带动大臂挥拍击球，以左手主导，右手扶住拍子并挥拍。击球瞬间，让拍面几乎与地面垂直。

4.1.3 网球正反手易犯错误与纠正

1. 初学者经常无法精准击球

原因：击球时，眼睛没有盯住来球；挥拍击球时，球拍没有从来球的下方向前上方挥动；击球时的拍面与地面的角度太小。

纠正：击球时，眼盯来球，直到击完球，完成随挥动作后，再抬头。挥拍准备时，球拍低于来球。击球时，拍面要与地面接近垂直。

2. 出现水平挥拍(拍子和手臂几乎在同一水平面上挥动)

原因：初学者刚开始打球时，为了拍子能打到球的心理影响而产生的一种错误挥拍；或者是错误理解了教练的固定手腕意思。

纠正：对于初学者强调挥拍重于击球，对于有一定基础的，要强调拍子由下向上挥拍，手腕跟随小臂内旋。

3. 挥拍击球重心落在后腿

原因：蹬地转髋转肩不够充分，挥拍向前不够。

纠正：要求后脚跟完全抬起，后脚尖点地，持拍手一侧的肩转向球飞出去的方向。

4. 击球点靠后

原因：击球前，上步引拍准备太晚。

纠正：强调早引拍，每次来球落地前准备好，击球时身体重心前移，迎上前击球。可以让同伴在体前抛球反复练习。

5. 挥拍击球时向上力量太多

结果:经常打拍框,击出的球很难过网,或者过网很浅。

原因:大臂没有向前,身体重心没有前倾。

纠正:强调挥拍击球时大臂向前,击球随挥时,拍子要上肩,拍框几乎贴到后背,拍头指向地下。挥拍击球和随挥是熟练之后的一套完整流畅动作。

6. 挥拍击球时击到球的中上部位

结果:球经常过不了网。

原因:向前挥拍击球时,拍子在击球点上方。

纠正:强调将拍头放低。

7. 向前挥拍击球时出现翻腕动作

结果:击球的拍面向上,球易出界,难控制方向,或形成托球的状态。

原因:挥拍时,担心球过不了网,手腕带动小臂外旋。

纠正:强调拍面垂直于地面,靠拍子与球的摩擦力来让球向上产生力,随挥结束后拍面垂直后背,手腕固定。

8. 向前挥拍击球全脚掌在地上

结果:前腿很难跟随后腿蹬转,损伤膝关节。

原因:全脚掌在地,由于重心移到前腿,无法以脚掌为轴完成转动,此时膝关节受到扭曲力严重。

纠正:强调重心在前脚掌,脚跟微微抬起,便于蹬转。

9. 出现同手同脚并且正手击球时把右脚向前跨出

结果:挥拍无力,击出的球向左偏出。

原因:无法把蹬腿转肩的力量用上;用上蹬腿的力,就会击到球的右前方。

纠正:强调移动后右腿要落在左腿后。

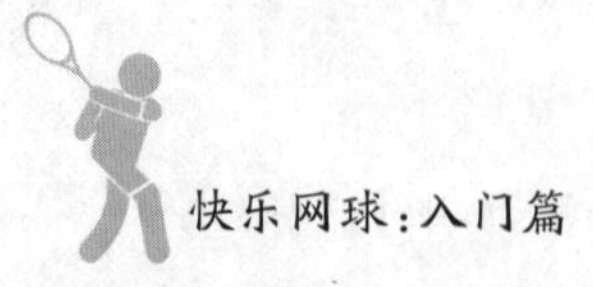

10. 双手反手击球无力

结果：球很难过网，或者落点很浅。

原因：引拍不充分，击球后没有随挥；后腿蹬地不充分，左右手发力不协调。

纠正：强调充分引拍和挥拍的完整性，蹬地充分；强调左手主导发力，右手辅助，多用左手进行正手挥拍练习。

11. 击球前先动手后动腿

结果：击球点靠后，很难回击速度快的来球。

原因：准备太慢，没有先动腿的意识。

纠正：强调转肩跨腿引拍。

12. 击球时，拍面固定不住，使球得不到前进的力量

结果：打不准球。

原因：不能以最佳的击球拍面来击球。

纠正：要求练习者击球瞬间停住球拍，然后随球挥拍至结束；击球前，保证拍面与地面垂直慢慢挥拍3次后，再挥拍击球。

13. 击球后的随挥不够并有弹击球现象

结果：无法控制击球方向，击出的球无旋转。

原因：挥拍上下幅度不够，导致拍子几乎在同一水平面上击球；击球后主动停住拍子随挥。

纠正：强调挥拍后持拍手碰到肩，同时拍头指向正下方；反复模仿随挥动作。

14. 引拍时转体不够

结果：以手臂力量打球，无法运用蹬地转腰的力量。

原因：没有以转肩带动引拍。

纠正：强调转肩带动引拍，反复练习击打大角度的来球。

4.1.4　网球正反手学习步骤

技术动作的学习要遵循循序渐进，由易到难的原则，学习者能体会到进步和建立自信，有利于进一步学习技术动作。

1. 握拍：选择适合自己的握拍方式是打好网球的第一步，建议初学者正手使用半西方式握拍或东方式；双手反拍左手使用东方式正手，右手使用大陆式；单手反拍使用东方式(具体握拍方式见本书第 3 章 3.2)。

2. 球感练习：用球拍颠球拍球(要求球拍近似平行于地面)，一边感受球拍与球的弹力，一边熟悉握拍(具体练习方法见本书第 3 章 3.1)。

3. 挥拍练习：按照准备、转肩引拍、击球、随挥四个动作来分解练习，直到能准确完整挥拍。

4. 原地击球练习：自己抛自由落体的球，自己原地击球(初期要求保证挥拍的正确性，不要在意是否能精准击球)。

5. 移动中击球：自己用拍子颠球，落地后再击球。

6. 让球友相距一定的距离进行抛球练习。

7. 让球友隔网用手抛球。

8. 让球友用拍子送球，这个过程稳定了，就可以在底线对练。

4.1.5　初学者如何在底线处理来球

站在底线击球，一般会遇到下面几种来球：

1. 浅球

也称之为中场球，网球选手此时站在底线击球。

处理办法：需要向前跑动，即将到达最佳击球位置时完成侧身引拍动作，准备击球；切记最后要以小碎步移动来调整人与球的距离。

2. 深球

落点在靠近底线一米左右的来球。

处理办法:一般要用后撤步或后撤步+向后并步的方式来引拍动作,准备去击球。

3. 高球

高于肩部以上的来球。

处理办法:对于初学者而言,高于肩部的球是比较难的。当击球手判断是高球时,应快速及时地向后退,同时完成引拍,让球能落到肩部以下,来击打处于下降期的球;若来不及后退,可高引球拍以高压或切削的动作来完成击球。

4. 正常高度球

一般是指在膝关节到肩部之间的来球。

处理办法:这样的球是最容易处理的来球,因此我们只需要正常引拍击球即可。

5. 低球

低于膝关节的来球。

处理办法:这样的球对于初学者使用反手击球是比较难以处理的,因此初学者可以充分地降低自己的重心来击球;必要时球拍可以在控制好力度的情况下,角度尽量大一些再击球。

6. 上旋球

旋转强烈,落地后高高快速弹起。

处理办法:遇到上旋球时,初学者和打后场深球一样,要及时后退,才能更好地完成击球。

7. 下旋球

下旋球有两种,第一种落地后不起,只在原地;第二种落地后前冲力比较大,球弹起的高度较低。

处理办法:落地后不向前走的球,一般飞行的弧度较高,空中飞行速度较慢。前冲力较大的下旋球,一般飞行弧度很低,或者击球者的击球点是高于中心网的,球在空中的飞行速度很快。因此,遇到前一种情况要快速地跑向来球,尽量缩短人与球的距离;后一种情况,要及时拉长人与球的距离,这样才能从容地击球。

8. 平击球

球速快、力量大。

处理办法:准备引拍要快而准确,可以向后移动,在球的下降期击打,也是一种很好的选择。

9. 追身球

落地后向身上弹起的来球。

处理办法:一般初学者遇到追身球就不会打球了,只能躲;遇到这样的球,侧身切削可以轻松化解,也可以跳步侧身正手位击球(见本章 4.2 切削球)。

10. 脚底球

来球落点接近自己的脚附近。

处理办法:对于这样的来球,有两个选择,第一,降低重心打反弹球;第二,向前跨出一步,凌空击球。

4.2 切削球

切削球技术又称为下旋球,具有落地后弹跳弧度低、击球节奏慢的特点。在赛场上突然的切削球能打乱对手的击球节奏,为自己创造进攻的

机会,是一项必不可少的技术。在大多数选手的“武器库”中,常常发现切削球是一项被遗忘的技术,然而在比赛中切削球技术的重要性远远大于受重视的程度。大部分业余选手没有经过切削球技术训练,仅凭自己的理解去使用这项技术,就导致了动作的不规范和发力的不合理。一旦熟练使用切削球,可以将它进阶发展为“战刀式”网球切削技术。

4.2.1 正手切削球技术动作分解

本书把切削球技术分解为四个步骤:握拍准备、转肩引拍、挥拍击球、随挥跟进。

(1) 握拍准备

一般采用大陆式握拍。两腿垫步分开,略比肩宽,两膝微屈,重心在两腿之间并落于前脚掌;上身微微前倾,两手持拍至于胸前,左手扶拍颈处,右手大陆式握拍,放松状态握在拍柄底端处,肘关节置于身体两侧下垂,目视来球。(见图 4-13)

图 4-13 握拍准备

(2) 转肩引拍

眼盯来球，转肩上步(或后撤步)同时变换大陆式握拍并向后引拍。转肩带动手臂引拍，引拍幅度相比正手击球要小，拍面与地面约成 30°—45°角，拍头指向后上方(如果切削低球，拍头可以低于自己持拍手腕并要低于来球)，并高于来球。同时转肩带动左脚前跨(或者右脚后撤)，把脚和身体调整成半关闭式或关闭式的击球站位，身体重心移至两腿之间，并落于前脚掌，屈膝；所有的步伐调整都必须在这一阶段完成。(见图 4－14)

A. 转肩瞬间

B. 重心移至右

C. 引拍完成瞬间

图 4－14　转肩引拍

(3) 挥拍击球

击球时，蹬地转腰转肩带动大臂，拍子由后上向前下移动，腕、肘关节锁死。一般情况下的击球点，相比上旋球或平击球都要靠后。球拍接触到球的后上部时，让球有在拍上滑动的感觉，仿佛用球拍把球包住。拍面与地面角度受到击球点高低的影响，一般情况下，高位击球时成 70°—90°角，中位击球成 50°—70°角，低位击球成 30°—50°角(以地面为基准)。(见图4－15)

A. 向前跨步瞬间

B. 跨步击球瞬间

C. 击球后拍子移动位置

图 4－15　挥拍击球

（4）随挥跟进

击球后，拍面继续向球的落点方向移动一段距离，再自然回落到身体左侧，球拍不需要上肩；重心转移到左脚，右腿跟进呈还原姿势，准备下一

次击球。(见图 4－16)

图 4－16　随挥跟进

4.2.2　反手切削球技术分解

反手削球的特点是既能打较深的球又能打短球,落点容易控制,但球速通常较慢。

(1) 握拍准备

这一阶段与正手切削球技术相同(参见本章 4.2.1 第一步)。

(2) 转肩引拍

当来球飞向你的反手位时,要考虑用反拍切削回击来球。身体先迅速向左转带动手臂向后引拍,将拍子高高举起,拍头高于肩部,一般比上旋反拍高,球拍要远离身体,指向后左手扶住拍颈。转身的同时,右脚须向前跨出,可采用中间式位击球居多。重心在两腿之间落于前脚掌,膝关节微屈,此时眼睛紧盯来球。(见图 4－17)

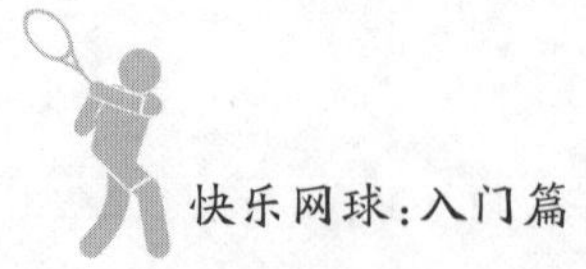

A. 转肩瞬间　　B. 重心移至左侧

图 4－17　转肩引拍

（3）挥拍击球

挥拍击球时，后脚蹬地，重心由后向前，身体向右下方转肩，带动手臂由左上向右下挥拍，同时左手向后打开，击打球的中下部。击到球瞬间，手腕关节绷紧并控制住，重心移动到前脚，眼睛始终盯着球，拍面的角度根据击球的高度而变化。这里注意球拍与球接触的时间尽可能长一些，有种球在球拍上滑动感觉；挥拍时不要用球拍向下"斩球"，要有从左上向右下前送的动作。（见图 4－18）

（4）随挥跟进

击球后，拍子继续向球的落点方向移动，重心完全跟进到前脚，手腕固定，两手臂完全打开。最后时刻，肩胛骨收紧。（见图 4－19）

A. 抬右脚跨步瞬间

B. 跨步后击球瞬间

图 4-18　挥拍击球

图 4-19　随挥跟进

4.2.3　切削球的时机

1. 一般在底线强制压制对手时，切削放小球。

2. 在底线相持阶段，突然切削，随球上网。

3. 在底线相持阶段，突然切削，放慢击球节奏。

4. 底线处于防守状态下的切削，能为自己赢得回位的时间。

4.2.4　切削球重点及练习步骤

1. 重点

切削时对拍面准确掌控，拍子由上向前下方挥拍击球。

2. 练习步骤

第一步：先进行空拍练习，直到准确掌握切削球的技术。

第二步：体会小引拍击球，由于击球距离短，可以更加准确地击球，增加信心；改变拍面角度来击球，从而体会不同拍面的角度击球产生的不同效果。

第三步：逐渐增加引拍幅度和高度，来体会推送加力切削的效果，并体会球拍随挥还原。

第四步：从准备动作开始，尝试完整的击球动作。

第五步：通过调整拍面的移动方向来调整击球落点，控制切削球路线。

第六步：同伴在底线送固定落点球，来尝试切出直线，斜线等路线的球。

第七步：同伴送出不同类型的球，来尝试切出固定落点的球。

第八步：到球场和同伴进行切削对练。

4.2.5　切削球常犯错误和纠正

1. 切削球太早或拍面打开角度太大，导致回球又高又浅，容易被对手打制胜分。

纠正：强调肘关节下垂，腕关节固定来稳定拍面。

2. 拍面切到球时，身体立即大幅度转动，导致球出边线。

纠正：强调切到球时，拍面继续向球预定落点推送移动；进行小引拍切削练习，体会转身推送球的感觉。

3. 没有转体，手臂直接向后拉的引拍。

纠正：多进行完整的挥拍练习，体会转肩带动引拍。

第5章 发球与接发球技术

发球是比赛的开始，接发球是反击的开始，要想走进赛场，发球与接发球是必不可少的两项网球基本技术。本章重点介绍发球与接发球的动作要点与练习方法，为未来的“音速发球”做好准备。

5.1 发 球

当今网坛，发球技术的强弱影响着发球局成败，从而影响比赛的胜负，因此发球环节的技术得到了前所未有的重视。

发球是网球的五大基本技术之一，是比赛中唯一一项由自己掌控不受对手影响的重要技术。发球的强弱直接影响每一分的得失，因此掌握好发球技术是网球比赛获得胜利的关键，更是一项必备技能。发球技术一般分为三种：平击发球、侧旋发球和上旋发球。

5.1.1 发球的站位和握拍方式

单打比赛的发球站位应该在靠近底线的中点处（大约50厘米），这样可以有效地平衡左右侧的防守；双打比赛的发球站位应该在靠近单打边线处（离终点处大约100—150厘米），这样可以有效防守对方大角度的接发。

发球握拍方法：一般采用大陆式或者东方式反手握拍（具体握拍方法见本书第 3 章 3.2）。大陆式握拍发球倾向于平击球，旋转少，容易入门学习，初学者首选的发球握拍方式。东方式反手握拍倾向旋转，旋转强烈，相对较难掌握，适合有一定基础的球员使用。（见图 5－1）

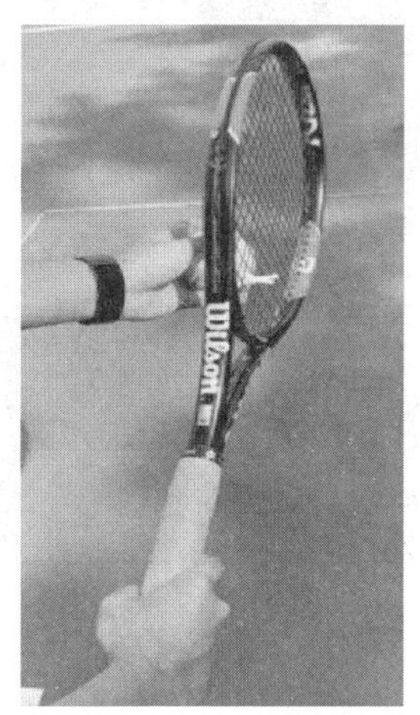

图 5－1　大陆式握拍

5.1.2　发球的基本技术

发球技术动作可分解为 1—2—3—4 四个步骤：侧身站位准备姿势、送球引拍转体屈膝、蹬地转体向上挥拍击球、跟进随挥。

发球时持球方法：用大拇指、食指扶球，中指和无名指托球，大拇指和食指的虎口向上，并处于放松状态，如托红酒杯动作。（见图 5－2）

（1）侧身站位准备姿势

发球者站在端线外，脚前部端线外大约 5 厘米（如果有动脚习惯，可以再站远点，防止出现脚误），中间标志点的右侧（以一区右手为例），左脚在前，右脚在后成丁字形侧身放松站立；左手持球，右手握拍，两手臂伸直放松置于体前。（见图 5－3）

图 5-2　持球

图 5-3　发球准备

注:左右脚分开呈丁字形站立时,两脚分开距离为发球者自己脚长度的 1—1.5 倍;对于初学者可以用站位来调整发球的落点,两脚尖连线指向发球区方向,脚尖连线指向发球区外角,更容易发出外角球;脚尖连线指向发球区内角,更容易发出内角球。

(2) 送球引拍转体屈膝

在发球动作中,“能送好球就能发好球”是学习发球时经常听到,同时也是网球运动爱好者的经验总结。注意这里强调是“送”球,而不是平常说的“抛”球。一字之差,对发球的理解就可以相差千里。在向上送球时,如果慢慢加速向上平稳将球送到理想的位置,抛的稳定性就很难有保证。向上送球的位置很有讲究,站在一区时,向左上方送球容易发出外角,向右上方送球容易发出内角;站在二区时,向左上方送球容易发二区内角,向右上方送球容易发二区外角。因此,送球在发球技术环节中是相当重要的一环。

送球和引拍同时进行,要求动作简洁实用,送球时,手臂伸直,掌心向上,球送出手前,保持肘关节与腕关节相对固定,以大臂向上带动小臂和手向上送球,送出去的网球方向在自己左前上方一点钟方向,大约端线向前 20—30 厘米的距离,高度在发球者站立时举起球拍的拍头之上 10 厘米处。

引拍对于初学者而言,手臂直接向上移动,拍头指向上,击球面指向球;大臂与躯干,大臂与小臂均成 90°(戏称两个 90°角),小臂手腕放松。

转体屈膝,球离手后,身体向右微微转动,两肩充分打开,脚跟微微抬起,重心在前脚掌两腿之间,像弹簧被压紧一样积蓄力量,为下一步击球形成动力链做好准备。

注:初学者可以先学习送球引拍,熟练以后再加上转体屈膝,以增加球的力量和旋转;垂直向上送球容易发出切削球;送球向后容易击出上旋球;送球向前容易击出平击球。(见图 5-4)

A. 向上抛球

B. 抛球引拍

C. 抛球后下蹬

图 5-4　送球引拍

(3) 蹬地转体向上挥拍击球

① 挥拍

发球中的所有动作都是为这一部分形成动力链击球做准备的,球抛出离手之后,两脚同时蹬地重心向上,右肩由后向前转转动,拍头由上向下自然坠落成挠背动作;两脚继续蹬地,膝关节伸直,两脚离地,此时以肩

带动大臂，小臂向上并内旋鞭甩击球，击球点在左前上方。

② 球的旋转

拍子击球时，由下向上挥动击球会产生上旋，拍子向上越快，旋转越强烈，上旋球稳定性更高；球拍击打球的侧面会产生侧旋，侧旋球会改变弹起后的轨迹。（见图 5－5）

A. 蹬地瞬间

B. 挥拍瞬间

C. 击球瞬间

图 5－5　挥拍击球

(4) 随挥跟进

① 随挥

这一过程是发球后的收尾动作，是发球力量的最后释放，要求自然放松，让拍子自然下落到身体左侧。

② 回位

由于发球者发力的惯性，身体可能会冲进场地，两脚落地后要使用跳步或小碎步快速回到底线的最佳击球位置。如果要发球上网，此时要利用惯性快速地来到网前做出分腿垫步来准备截击。(见图 5-6)

A. 击球随挥

B. 随挥收拍位置

图 5-6 随挥跟进

5.1.3 发球的重点

1. 发球最重要的是抛球，要把球准确无误的抛到想要的位置。
2. 送球与引拍要同时进行，引拍要简单实用。
3. 对于初学者而言，挥拍时力量要适中，不能大力发球，要讲究发力连贯和协调;击球时球拍和身体充分伸展,理想的情况下,脚跟完全抬起时,球拍和左后脚跟在同一条直线上。

4. 击球时眼睛一定要盯着球,使拍面击在球的正确部位。

5.1.4 如何练习发球

1. 选择正确的握拍方式,不能使用半西方式或西方式握拍发球。

2. 重视送球练习,直到能准确地将球送到自己想要的区域。

3. 模仿完整的挥拍练习,直到准确、协调、完整的掌握动作。

4. 送球引拍同时进行,能够熟练,协调、舒展的掌握此动作。

5. 来到球场的发球线处,把发球线当成端线,此处离网较近,发球下网的概率较小,发球者无心理负担,更容易舒展地完成发球动作,有利于动作定型。

6. 来到发球站位区,练习发球,要求力量适中,重点练习动作的连贯性,初学者要多体会球拍像刷子向上刷球的感觉。

5.1.5 发球易错动作及纠正

1. 送球不稳,不能准确地送到预定位置

原因:身体前后左右晃动,重心不稳,手臂抛球不够放松舒展。

纠正:检查持球动作,确保持球动作准确无误,反复练习。

2. 拍子击不中球

原因:眼睛没有盯球。

纠正:强调眼盯住球,抛球位置的准确性。

3. 发球出界居多或下网居多

原因:击球时,拍面下压位置不正确,出界是由于下压太少,下网是由于下压太多。

纠正:出界居多时,强调抛球向前移;下网居多时,强调抛球后移;初学者切勿发全力,需注意发力的连贯性。

4. 发球软弱无力

原因:动作僵硬,缺乏鞭甩动作,肩部由后向前转移不明显。

纠正:软弱无力的发球,一般都是推过去的,所以发球强调球拍向上的速度以加强球旋转,来增强球的攻击性。

5.2 接发球

在网球比赛中谁能破掉对手的发球局,谁就可能赢得比赛。这是由于接发球方是被动防守弱势的一方,拥有优秀的接发球技术是打破对方优势争取主动的关键,所以被每一位球员和网球爱好者所重视。接发球技术是网球重要的基本技术之一,但也是相对较难掌握的技术。

5.2.1 接发球

接发球技术动作分解为四个步骤:准备姿势与站位、转体引拍、挥拍击球、随挥跟进。下面以正手为例重点讲解接发球的要领。

(1) 准备姿势与站位

① 握拍方法

接发球的握拍一般根据自己在底线击球的习惯来选择握拍方法。无论使用哪一种握拍方式,切记持拍手放松掌心空出,球拍重量转移到非持拍手,以便随时转换正反手握拍方式,以最快速度切换握拍方式。双反击球的球员需要把非持拍手放于拍柄,单反球员可以选择非持拍手在拍颈处。

② 准备姿势与站位

两脚开立(可平行也可一前一后),幅度与肩宽相似,双膝弯曲,脚跟微微抬起,上身前倾;拍子高度在腰腹间,重心在两脚间不停地移动。两眼紧盯对方,观察对方的抛球和站位,击球时拍面的指向来判断来球方向。(见图 5-7A)

A. 接发球准备姿势

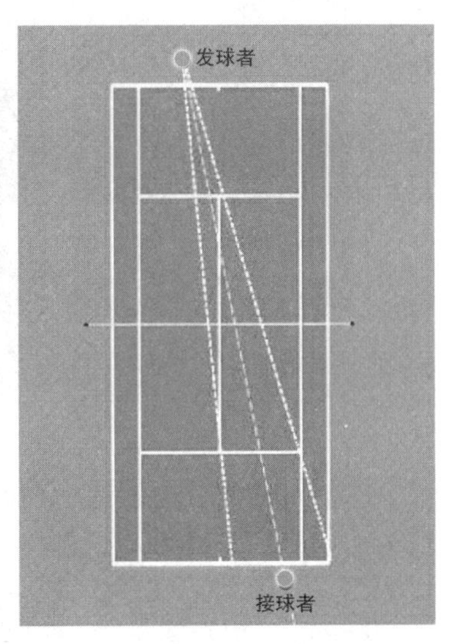

B. 接发球准备位置

图 5-7　准备与位置

接发球的站位一般在端线外并靠近单打线的延长线内,接一发重球可退到端线外 1.5 米左右,接二发可向前跨出一大步;左右位置是发球员与发球区左右 T 点连线的夹角平分线上,也可以根据自己的击球喜好来选择。例如,习惯正手击球就把正手位多留出一些,习惯反手就把反手位多留一些,习惯接快球可靠前站,担心快球可向后站,但是每一种站位都有自己的优缺点。(见图 5-7B)

（2）转体引拍

当对方球拍接触球的一瞬间，迅速做出分腿垫步并对球预判后充分转体，以转体来带动引拍，此时引拍手臂动作要小，尤其接一发重球时。（见图 5－8）

A. 准备姿势

B. 跳起瞬间

C. 转肩瞬间

D. 重心转移瞬间

图 5－8　转体引拍

(3) 挥拍击球

挥拍击球阶段，以脚蹬地转体带动大臂向前挥拍，此时持拍手要握紧球拍控制拍面，向前挥拍动作不宜过大，以免球出界。(见图 5－9)

注意：接一发重球，向前挥拍要短促，固定手腕，稳定拍面；采用下旋接球时，拍子可由上向下挥拍。无论采用哪一种方式接发，击球点要尽量靠前。

A. 蹬地转体

B. 重心前移

图 5－9　挥拍击球

(4) 随挥还原

击球后，身体重心跟上节奏，非持拍手辅助持拍，两腿成面向网的平行站位，采用交叉步或者侧滑步，快速回到最佳击球位置，随时准备下一次击球。(见图 5－10)

A. 随挥

B. 随挥上肩

图 5－10　随挥跟进

5.2.2　反手接发球

反手接发球对于初学者来说相对较难，下面我们对反手接技术作简单介绍。

反手接发球的准备动作方法和正手接发相同。在对手挥拍击球的瞬间做分腿垫步并判断来球位置，发现在反手位时，迅速切换到自己擅长的底线反手击球握拍方式，并完成转肩引拍，同时注意引拍动作幅度要小。挥拍击球时，面对快速球要稳稳地控制住拍面，向前挥拍动作幅度要小，以求稳定，球速慢时可以加大挥拍动作，随挥动作要比底线反手随挥短。反手接发可以采用切削或抽击球两种形式，切削多被初学者采用。

5.2.3　接发球的重点

1. 准备接发球时身体须放松，身体紧张会影响脚的移动，只需在击球瞬间发力即可。

2. 接发球最重要的是引拍动作小，向前迎接球，使击球点靠前，形成进攻，不要被动应付。

3. 接发球时，重心一定要降低，眼盯发球者，这样才能更加准确地做出预判。

4. 面对快速发球时，可以向后站一步，来击打下降期的来球，让接发成功率更高。

5.2.4　接发球练习方法

1. 根据底线正反手击球要领和步法要求，进行持拍无球练习，体会小引拍，转换重心击球。

2. 背对墙或者挡网练习接发的挥拍动作。这样练习如果引拍动作大会碰到墙或网。

3. 自己对墙发球接球。由于是自己发球，判断会更加准确，循环此练习，能固定接发球动作。

4. 接同伴发球，同伴的球可以由慢到快，适应后可以逐渐多样化。这样的练习和实战一样，可以强化接发能力。

5. 自己对墙抽击球，每次尽量击打反弹球，这样的练习对于接发球技术提升，能起到非常好的效果。

5.2.5 接发球易犯错误及纠正

1. 每次接发球时，击球点靠后，导致球易出界。

纠正：加强小动作引拍练习，强调控制稳拍面；接发的位置可以相应地向后移动。

2. 由于发球速度快、弹跳高而导致接发球失误增加。

纠正：可以让接发者相应地向后站位。

第 6 章　截击球技术

本章主要讲述网球的截击进攻技术，是网球基本基础之一。作为网球初学者，应该学习练习，为进阶“坚盾网前截击”做好准备。

6.1 网前截击技术

网前截击技术又称为拦网，是指在球落地之前，运动员在球网与中场之间用球拍推挡回击来球的基本击球技术，具有节奏快、回击球角度大、球速快等特点。一般在大角度调动对手，让对手处于防守状态下使用，通常能起到出其不意，直接得分的效果，是网球比赛中重要得分手段之一。对于初学者，学习网前技术不仅能提高球感，还能提高学习网球的兴趣。

截击球一般分为正手截击球和反手截击球。截击的技术动作分解为四个步骤：握拍与准备、转肩引拍锁定、挥拍击球、随挥还原。

6.1.1　正手截击技术

（1）握拍与准备阶段

① 握拍

网前截击通常采用大陆式握拍，主要是由于球在空中飞行距离变短，给球员的反应时间变少，大多数时候来不及改变握拍方式，而大陆式握拍正反手不需要变换，正反手截击都可以。（见图 6 - 1）

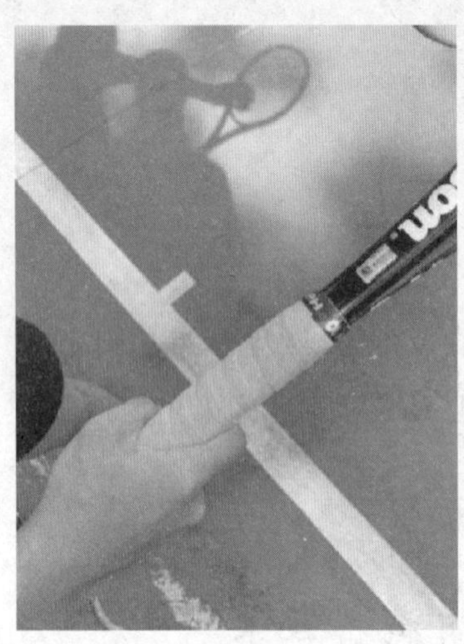

A. 握拍　　B. 准备姿势

图 6 - 1　握拍准备

② 准备姿势

面对球网，两腿分开约与肩宽，两膝微屈，重心在前脚掌，身体前倾，拍子置于身体前，拍头朝向前上方，肘关节下垂，高度不低于自己的面部，眼盯对手击球（便于提前判断来球方向）；当球离开对手拍子的瞬间，做出分腿垫步。

（2）转身引拍锁定来球

当球员准备采用正手截击时，保持肘关节下垂，大臂尽量固定，身体向右转肩带动小臂引拍，引拍动作要小，向后幅度不要超过自己的肩部。此时，重心移到右脚前脚掌，如果是追身球，决定采用正手截击时，身体向左移动，重心要移动到左脚。（见图 6 - 2）

A. 准备姿势后面

B. 转肩瞬间

C. 重心向右移动

图 6－2　转肩引拍

（3）挥拍击球阶段

① 挥拍

右脚蹬地，以交叉步形式向前跨出左脚，带动右肩向前移动，大臂微微向球落点方向移动来迎击球。此时，肘关节下垂，腕关节固定，尽量以向前跨步转体带动大臂的力量击球。如果是追身球，此阶段无需跨步。

② 击球点

理想的击球点在身体右前方，腰部以上头部以下的高度，击打球的中上部，让球离开拍子后的飞行轨迹是从上向下。如果击球点低于网，则拍面要微微打开，击打球的中下部，控制力量，让球离开拍子后的轨迹形成由下向上再下落的弧度。（见图 6－3）

注意：击球点保持在身体前方，发力击球时，拍子、手腕、肘关节保持为一个整体。

A. 向前跨步

B. 击球

C. 随挥

图 6－3 挥拍击球

(4) 随挥还原阶段

截击的随挥距离要短而紧凑，击球后，右脚跟进，重心回到两腿之间，左手扶住拍颈，随时准备下一次击球。(见图 6-4)

图 6-4　随挥还原

6.1.2　反手截击技术

(1) 握拍准备

这一阶段与正手相同。

(2) 转肩引拍锁定来球

当球员准备采用反手截击时，保持肘关节下垂，大臂固定，向左转肩引拍，让拍面由上向下锁定来球，重心转到左腿，眼盯来球。如果是追身球，决定采用反手截击时，重心要移动到右腿。如此需注意，手腕和肘关节固定，肘关节下垂，眼睛紧盯来球，转身引拍时，保持拍子在自己的视野之内。(见图 6-5)

A. 向左转肩　　B. 左脚蹬地眼盯来球

图 6-5　转肩引拍

(3) 挥拍击球

反手截击,锁定来球后,右脚向来球方向快速跨出,拍子由上向前下,右肩向前移动击球,手腕、小臂、肘关节保持相对固定,以转肩带动大臂发力击球。此处需注意,击球点保持在身体前方,发力击球时,拍子、手腕、肘关节保持为一个整体。(见图 6-6)

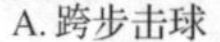

A. 跨步击球　　B. 击球后重心转移

图 6-6　挥拍击球

(4) 击球后的随挥跟进

网球截击,击球时发力短促,为了保持拍面的固定,击球后的随挥动作幅度应较小;击球随挥后,重心迅速回到两腿之间,随时准备下一次击球。(见图 6 - 7)

图 6 - 7　随挥跟进

6.2 截击球类型以及处理的方法

1. 低位截击

当来球高度很低,截击点的位置低于中心球网时,截击要求降低重心(极端情况下膝盖几乎要贴近地面),控制手腕及拍面,击打球的中下部(以防球下网),控制好力量,不要发力(以防球出界)。(见图 6 - 8)

2. 正常截击

当来球截击点位置在靠近网前，高度在中心网以上、面部以下的位置时，截击要控制好拍面，击打球的中上部，可以主动发力，是得分的最好时机。

3. 高位截击

当来球比较高，截击点位置在面部以上，头顶上方半只拍子的高度时，要控制好拍面和力量，击打球的中上部。高度越高，击球点越靠前。（见图6－9）

图6－8　低位截击

图6－9　高位截击

4. 追身截击

当来球比较快，直接飞向自己的身体时，已经没有时间跨步去打常规的正手截击或者反手截击，只能以小幅度转体的力量击球，可把球拍放在身体的前面用反拍截击，手腕肘关节控制住拍面，拍面在体前正对着球

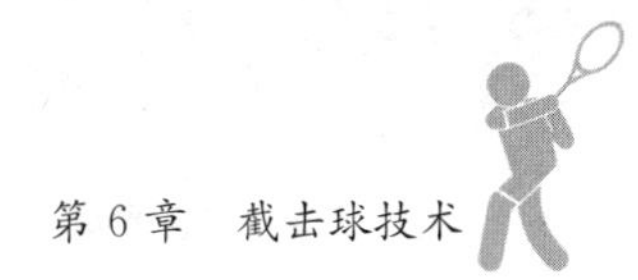

截击。

5. 快球截击

当来球的速度快、力量大时，截击要把手腕和肘关节固定，击球点一定要在身体前方，借来球的力量击球，以打出四两拨千斤的效果。

6. 慢球截击

当来球速度慢、力量小时，有充足的时间做准备，初学者对这样的得分球要给予足够的重视，一般采用凌空抽球解决，这点将在进阶篇进行详细介绍。

6.3 截击重点

截击的重要组成部分包括预判、移动准备、转身跨步引拍、击球点位置、击球。

1. 预判在截击中非常重要，当你完成一拍击球后，对手会根据你的击球质量来选择回球路线，你应该根据自己的击球质量快速做出预判，为后面的移动做准备。

2. 当你完成预判后，快速地移动到可能回球的路线并准备好截击握拍，以小碎步调整身体重心准备随时跨向击球点。

3. 转身跨步引拍，重点是转身要快，以转身带动引拍，以向前跨步重心移动的力量来击球，不可采用大幅度动作以及抬肘引拍。

4. 击球点的位置要保证在身体前方。

5. 以上四点为击球做准备，还要保证肘、手腕和拍面的固定，才能更加稳定地击球。

6.4 截击练习

前面学习了截击的理论知识，接下来如何走向球场练习，并通过实践掌握这一技术，是每一位网球爱好者最关心的。练习的步骤要先经过无球挥拍练习，再到球场上进行有球练习，并且要遵循由易到难的步骤来练习。下面介绍几种练习截击的简单实用方法。

1. 练习步骤

(1) 进行无球挥拍练习，让肌肉形成正确的记忆，直到可以准确熟练地进行截击动作。

(2) 进行空间感练习，颠球拍球；自己对墙抛球，用手在身体前方接住球；让同伴抛球，用手接住球(要求接球时动作模拟截击动作)。

(3) 到球场上，先手持拍颈处进行截击练习(这样持拍，对于初学者而言更容易控制拍面)，再逐渐过渡到正常持拍来练习击球。练习时要靠近网，这样更容易截击成功，同伴送球遵循由慢到快、由规则到不规则、由易到难的原则。

2. 熟练掌握截击技术后，可以和同伴一起在网前互相截击练习，可以来到网球场拦截同伴的底线截击，也可以一人对墙练习。

6.5 易犯错误及纠正

1. 准备时易犯的错误

原因:拍头太低、拍柄离身体太近,肘关节高高抬起、重心在全脚掌。

纠正:正确动作见截击的准备阶段。

2. 转身引拍时易犯的错误

原因:没有转体,以大臂向后引拍幅度过大。

纠正:强调大臂固定,以转体替代引拍。

3. 挥拍击球易犯的错误

原因:姿势错误。

纠正:强调跨步击球,大臂固定小臂前伸。

4. 截击时易犯的错误

原因:击球点不理想。

纠正:当来到网前时,脚步要不停地移动调整,以寻找最佳的击球点。

5. 击球经常出界

原因:截击出界一般都是击球点靠后或拍面打开太多引起的。

纠正:强化截击练习。

第7章　高压球、挑高球、放小球

本章主要讲述网球的高压球，放小球以及防守型技术挑高球，是网球进阶的必备技术，作为网球初学者，建议了解并初步练习，为进阶做好准备。

7.1 高压球

在网球比赛中，当你急奔来到网前，准备截击得分时，对手来了一记高过于顶的高球，你会很被动地回跑防守，如果你拥有完美的高压球技术，这将是你难得的得分机会。打高压球是一项有效的进攻、得势、得分手段。当你能打出精准落点的高压球时，也会给对手造成心理上的压力，迫使对手不敢轻易挑高球，同时增加自己的上网和击球信心，从而达到最佳的比赛状态。

高压球是指在头顶前上方用类似发球扣压的动作来完成击球的一项网球技术，是对付对方挑高球的一项有效的进攻和打击对手信心的技术。网球的高压球技术与羽毛球扣杀、排球的扣球、网球的发球和高位截击技术都有相似之处。由于高压球是高空作业技术，因此对空间感、预判和脚步的灵活要求比较高。

根据球场上的位置可以分为前场高压球、后场高压球；根据来球是否落地，可分为落地高压和凌空高压。

7.1.1　高压球技术

高压球是指在头顶前上方用扣压的方式来完成击球的技术，本书继续采用四个分解动作来学习高压球：转肩手指来球、步伐调整锁定来球、转体挥拍击球、随挥还原。

握拍方法：高压球的握拍方法通常采用大陆式或东方式正手握拍，对于初学者建议使用东方式正手握拍，这样更加容易锁定来球，具体见本书第 3 章 3.2 握拍。

（1）转肩引拍手指来球

当对方挑过顶高球时，迅速转肩后撤步（如果对方挑的高球在前场很难过顶，也可以采用向前跨步转肩），持拍手以肘关节向后引拍，拍头指向前上方（大约与垂直方向倾斜 15°），非持拍手指向来球。（见图 7 - 1）

A. 准备

B. 后撤步瞬间

C. 引拍完成

图 7 - 1　高压球引拍

（2）步伐调整锁定来球

当最佳的击球位置离自己较近时，运用小碎步调整到达位置；当最佳的击球位置离自己较远时，运用交叉步加小碎步调整到达击球位置。一旦到达最佳击球位置后，重心移到后腿，膝关节弯曲，脚跟微微抬起，球拍的击球面向探照灯一样锁定来球，确保击球的高度与前后左右的位置准确无误。（见图 7－2）

A. 交叉步开始

B. 交叉步过程

C. 交叉步结束

图 7－2　高压球步伐移动

（3）转体挥拍击球

在第二部分准备好后，后腿蹬地转体带动转肩，手臂放松，向前扣压击球。如果击球点靠后，手腕要及时快速下压。（见图 7－3）

（4）随挥跟进

击球后，球拍像发球动作一样收在自己非持拍手一侧，后腿顺势向前，两脚成平行面向网站立，随时准备下一次击球。（见图 7－4）

A. 后腿蹬地　　B. 向前挥拍　　C. 击球

图 7－3　挥拍击球

A. 击球后拍子击球　　B. 随挥位置

图 7－4　随挥跟进

7.1.2 高压球的重点

1. 调整脚步，对球做出判断后，要快速、准确、提前移动到最佳击球位置。

2. 打高压球不能急躁，要眼盯来球，并且不能有丝毫犹豫，完美的高压球一般是一分的结束。

3. 如果不是在最佳位置击球，千万不能发力。

7.1.3 下面介绍几种高压球的练习方法

1. 持拍做模仿练习，熟练后再结合后脚跳起步法做挥拍练习，体会击球的时间和空间感。

2. 刚开始学习高压球时，可以先练习相对容易的落地高压球。

3. 可以对墙练习挑高球。

4. 可以自己用球拍击出各种高球练习。

5. 和同伴对练，逐渐加大难度。

7.1.4 高压球球易犯错误及纠正

1. 面对容易的高压球，经常打出界或下网。

原因：手臂下压太慢或者太快。

纠正：要重视每一次击球，越容易的球越要重视；多练习击打固定点球，调整好击球时间。

2. 面对对手的挑高球，不能及时移动到位，还要强行打凌空高压。

原因：判断不正确。

纠正：判断出对手挑高球后，脚步必须快速移动，如果无法到达最佳位置，可以打落地高压，或者采用其他击球方式。

3. 击球点太低打不准凌空高压球。

原因：脚步无法快速调整到位，不能到达最佳击球区域。

纠正：首先要增加空间感的训练；其次打凌空高压球时要非持拍手指向来球，尽量让手臂和球在一条线上，从而提高对球的位置判断。

7.2 挑高球

挑高球技术主要是针对网前进攻选手和在被动情况下为自己争取回位时间的一项防御性技术。高质量的挑高球不仅可以争取时间和空间，变被动为主动，还可以直接得分。值得注意的是挑高球在高水平的职业比赛中很少见，但是在儿童和业余比赛中经常出现。挑高球根据球的旋转程度可分为上旋挑高球和非旋转挑高球。

上旋挑高球，也被称为进攻型挑高球，一般是主动使用，旋转强烈，落地后弹起速度快、距离地面高，让对手很难回防救球。上旋挑高球通常采用半西方式握拍，但此种握拍方式不建议初学者使用。非旋转挑高球又被称作防守型挑高球，一般是处于被动时使用，容易掌握且不容易失误。非旋转挑高球的球运动轨迹弧度高，落地后弹起的高度和速度相对较小，一般建议初学者使用大陆式握拍。

7.2.1 挑高球技术

在球场上为了争取被动救球后的回位时间，防守型挑高球就显得很有必要。非旋转挑高球，球落地后弹起速度较慢，对手相对容易防守，主要用来避开网球的对手，或给自己争取更充分的回位时间，与上旋挑高球相比，技术要求相对较低，初学者容易掌握。

1. 非旋转挑高球(正手防守型挑高球)

挑高球时，眼盯来球，准备动作与正手击球相同，可采用大陆式握拍。向后引拍时，眼时刻盯紧来球，引拍动作相对较小，形成半开放式或平行式站位。挥拍击球时，手腕固定，击球面打开与地面成15°到45°夹角，以大臂带动小臂固定手腕击打球的中下部(五点钟的位置)，并向前上方保持适当速度挥拍，且拍面须一直处于打开状态，将球尽量打高。(见图7-5)

A. 准备

B. 引拍完成

C. 挥拍击球

D. 击球后拍子移动

E. 随挥位置

图7-5　正手挑高球

2. 反手防守型挑高球动作要求

以单手反拍为例来讲解反手防守型挑高球。准备时与单手反拍相同，可以采用大陆式握拍。引拍时，向左缓慢转肩，向前跨出右脚或向后撤回左脚形成半开放式或平行式站位，拍面打开与地面成 15°至 45°角。挥拍击球时，左脚蹬地转体带动大臂（此时固定手腕）向前上方挥拍，速度要适中，不能快、急，击球后向击球方向继续移动形成随挥控球。（见图 7－6）

A. 准备

B. 引拍完成

C. 挥拍击球

D. 随挥

图 7－6　反手挑高球

3. 学习步骤和技术重点如下

(1) 握拍的选择,在准备挑高球时握拍的选择很重要,一般采用大陆式握拍。

(2) 眼盯来球,边移动边引拍,保持球在身体侧前方。

(3) 固定腕/肘关节来达到固定拍面角度,向前挥拍速度适中,尽量保持击球时拍面的稳定性。

(4) 按照两腿站稳,微微转体,以大臂带动小臂挥拍的发力顺序。

(5) 击球后迅速回到最佳的防守位置,组织下一次防守或进攻。(见图7-6)

7.2.2 上旋挑高球技术

上旋挑高球也是进攻挑高球,对技术要求比较高,击球时摩擦力太大容易出界,摩擦力太小容易击打出浅球,所以适合有一定基础、有很好的底线技术和优秀的球感者学习使用。

1. 正手上旋挑高球技术简析

上旋挑高球一般采用半西方或西方式握拍。由于主动性挑高球,时间比较充分,向后引拍动作相对较大,拍头向后,手指来球,蹬地后微微转体带动手臂挥拍,挥拍时小臂内旋,手腕收回快速带动拍头给球以向上的摩擦,让球剧烈地旋转。

2. 上旋挑高球的步骤及重点

(1) 握拍方式的选择,推荐半西方式或西方式。

(2) 眼盯来球,边调整脚步边引拍,拍置于来球下方。

(3) 挥拍击球时注意拍面角度控制,与地面约成 90°的夹角,小臂内旋,手腕收回。

(4) 挥拍速度一定要由慢到快,眼盯来球。先慢是为了击准球,快要击到球时加快拍头速度，以给球强烈的旋转力量。

（5）结束后迅速回位。（见图 7－7）

A. 击球前姿势

B. 击球瞬间

C. 击球后拍子移动

D. 随挥

图 7－7　上旋挑高球

7.2.3　挑高球练习

1. 要循序渐进地练习,掌握底线上旋、下旋的抽击球技术后,再练习挑高球。

2. 自己放球,进行多次挑高球练习,逐渐加大难度。

3. 对墙练习挑高球。

4. 近网站人拦截,进行多次挑高练习。

7.2.4　易犯错误与纠正

1. 挑出的球距地面太近。

原因:动作僵硬,拍面击球位置不准确。

纠正:练习模仿动作,注意控制拍面击打球的中下部。

2. 击球时拍头未低于手腕,造成没有上旋或上旋不够强烈。

原因:动作不够熟练。

纠正:每次挑球时进行检查。

3. 击球时对于拍型掌握不好,击球部位不准,造成球出界或者下网。

原因:动作不熟练。

纠正:利用多球进行动作定型练习。

7.3　放小球

在网球比赛中,当激烈的底线相持时,突然地放小球会有意想不到的效果,因此放小球技术是不可或缺的一项基本技术。放小球是指把球轻轻击打到对方场地,要下旋强烈、弹跳低、靠近网前。小球放得好可以直接得分，也是打乱对方击球节奏行之有效的战术打法；如果放不好，会下网，或者给对手留有进攻的机会。放小球要求有细腻的球感和技术，才能达到想要的效果。放小球注意把脚和身体融为一体，且移动要快，但是手要控制球拍慢慢移动，达到"爱抚"网球的程度。放小球一般是把对手逼到底线之后使用的技术，只能偶尔使用。

7.3.1　放小球基本技术

放小球技术由准备姿势与握拍、伪装、击球、随挥四个分解动作组成。下面为放小球技术要领解析。

第一步：准备与握拍姿势

准备姿势与正反手击球准备姿势相同，握拍方式为大陆式或者东方式。

第二步：伪装

这是一个重要的环节，在击球前使用正反手的准备姿势和引拍让对手误认为是底线击深球，从而留在底线。

第三步：击球

击球时眼盯来球，侧身缓慢向前挥拍，快接触球时，拍头高高翘起，由上向下击打球的中下部，拍子向下运行，避免向前力量过大导致放小球失败。

(4) 随挥

击球结束后，球拍继续向球的落点方向运行做随挥动作，然后面对球网迅速回位，准备下一次击球。

注：若放小球后的防守位置在底线时切记不能上网，以免被挑高或者穿越。

1. 正手放小球

正手放小球时，握拍准备和正手击球相同，在转肩引拍时，迅速转变

为大陆式握拍，引拍动作模拟正手击球或正手切削球来迷惑对手。击球时动作要由快到慢减速轻轻击球，以达到最佳效果。（见图 7－8）

A. 准备 　B. 引拍 　C. 上步

D. 击球 　E. 随挥

图 7－8　正手放小球

2. 反手放小球

反手放小球时，采用底线正手击球的准备姿势来迷惑对手，向左转肩

引拍时，握拍变换成大陆式，动作幅度模拟反手击球，让对手产生错觉。击球时要轻轻从上向下击打球的中下部，让球产生下旋，以达到球落地后弹起较低的效果。（见图 7－9）

A. 准备

B. 转肩

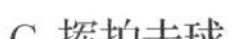

C. 挥拍击球

D. 随挥

图 7－9　反手放小球

7.3.2　放小球的练习方法

1. 离墙 2—3 米,分别用正反手进行切削球后,等球反弹回来,每次击球控制好力量,反复练习至熟练掌握以后,再击打墙上固定点,并将第一落点控制在一定范围。

2. 两人离网 2 米左右距离,互相放小球练习。

3. 离墙 10 米左右的距离,先用力发底线球,然后放小球,等球弹跳多次回来后,再大力击球,接着放小球,如此循环练习。

4. 在条件允许的情况下,让同伴在中场和底线送多球,或者用发球机送多球练习。

5. 让教练在中场把球拉回底线再进行放小球练习。

7.3.3　放小球易错动作及纠正

1. 像拍苍蝇一样翘敲球,隐蔽性稳定性不高。

原因:击球前准备不到位。

纠正:击球前的准备参考正反手击球,并加强隐蔽性。

2. 击球时向前发力过大,导致球成为中场球,并给对手机会。

原因:击球时向前发力过大。

纠正:击球时,控制手腕,拍子向前缓慢运行。

3. 击球时,向上发力太大,反而给对手更多的准备时间。

原因:击球时向上发力过大。

纠正:击球时向上缓慢发力,不能突然急促发力。

4. 小球放完在原地不动,也不回位,反被对手赶上并失去先机。

原因:放完小球,未及时回底线最佳点。

纠正:每次放完小球,必须迅速回到底线最佳点准备。

第 8 章　战术篇

网球运动的战略战术对比赛的结果有非常重要的影响，本章为网球的初学者介绍一些常见的单打和双打战术。网球的所有战术都是建立在击球的稳定性、速度、旋转、角度、深度、高度的六个维度来制定，知己知彼才能制定出完美的战术。

8.1 网球单打比赛的战术

发球与接发球是网球比赛的开始，优秀的发球可以创造出良好的进攻机会，甚至可以直接得分。拥有优秀的接发球技术可以有效化解对方的发球进攻，为组织有效的进攻创造条件。

8.1.1　单打发球战术

在初学者的比赛中，经常出现发球不稳，难以保住发球局导致比赛失利的情况，如何保住发球局，是比赛者要面对的首要问题。下面是几种结合自己的发球特点来制定战术的方法：

（1）发球不太稳定者，需要经常变换发球方式（一发可以采用二发的力量和旋转，二发也可以采用强有力的一发方式），但是为保证发球成功，

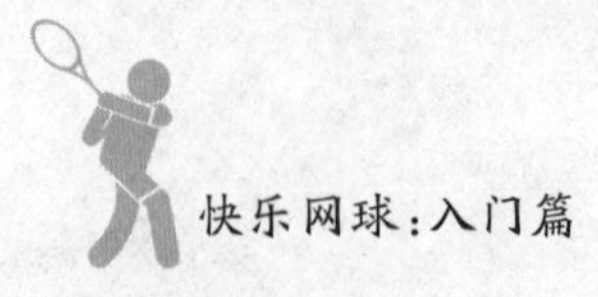

组织进攻是第一要务。一般初学者不具备接发得分能力，所以发球成功就有得分的机会。

(2) 发球拥有稳定性但是不具备旋转、角度、速度者，一定要发对手弱势的一侧。业余选手反手一般较弱，可以偶尔使用大力、大角度发球，一旦成功即可上网拦截。

(3) 发球拥有稳定性的同时还须具有一定旋转、速度、角度，这样就可变换发球落点来扰乱对方的接发成功率或上网拦截来得分。

(4) 发球上网战术运用案例(见图 8-1)

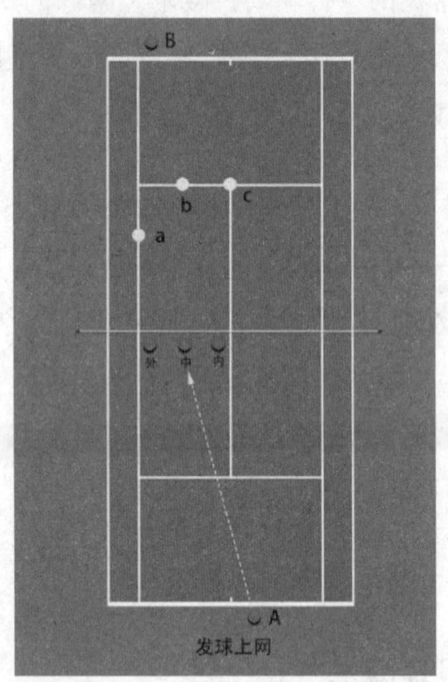

图 8-1　发球上网战术运用

情景一：发球时，球的落点在外角 a 附近，发球者可迅速来到"外"点右侧，进行有效拦网。

情景二：球的落点在中路角 b 附近，发球者可迅速来到"中"点右侧，进行有效拦网。

情景三：球的落点在内角 c 附近，发球者可迅速来到“内”点右侧，进行有效拦网。

注意：跑动的路线可视对方的接发球质量做出相应调整。

8.1.2　单打接发球战术

在网球比赛中，接发球一般是处于被动一方，如何减少被动，甚至变被动为主动实现局势逆转，就需要认真思考了。

1. 接发球战术的制定主要根据以下几点决定：

(1) 对方发球追求大力快速还是以牺牲速度来换取稳定。

(2) 对方发球后喜欢上网还是喜欢留在底线。

(3) 接发球后的目的是想直接得分还是防守进入相持。

2. 在了解对手的发球战术特点以及自己的接发目的时，作为初学者可以设计自己的接发战术。

(1) 遇到大力快速的发球并喜欢留在底线者，一般采用切削或推挡把球接向中路的方法，以达到接发成功的目的。如遇大力发球后喜欢上网者，一般采用切削挑高来化解网前威胁，或采用冒险接发打边线的方法，也可接发中线以求稳定，但是要随时准备防守对方的成功拦网。

(2) 接二发时，可以增加击球的角度，把球接向对手弱势的一侧(如反手)，不断积累优势以确保得分。

(3) 接发直接得分能提高自己的信心，打击对手的气势。这一战术，对于初学者而言冒险系数较高，一般情况下不建议采用。但如果想接发直接得分，就必须向对手弱势一侧大力抽击，出其不意方能达到效果。

(4) 通常情况下，比赛中处于弱势的一方，只有接发球成功才有得分的机会，因此建议初学者接发球时以保持稳定、减少失误为首要目的。

8.1.3　单打底线战术

底线是网球的基础,当今网坛的所有运动员都拥有扎实的底线功底。底线战术又分为积极进攻型和防守反击型。速度、力量、落点,是进攻得分的前提。

1. 在一般业余比赛中,底线进攻常采用的战术

(1) 压制弱势一侧,突袭强势一侧的战术。如运用强有力的正手持续打击对方反手,使之失去有利的防守位置后,突袭正手得分。

(2) 正反手调动对手大范围跑动,抓住机会突袭上网得分。

注意:进攻时,必须把球打"深",让对手不能有效进攻只能被动防守。

2. 防守反击型战术

面对进攻时,我们要竭尽所能地增加球的深度与旋转,给自己的防守增加时间和空间,直到对方出现低质量的攻击时,就是反击的时机,反击时要善于利于角度、速度和旋转来获成功。

注:在初学者比赛中,稳定地击球是最重要的,采用底线防守反击也是初学者的最佳选择。

8.2　双打战术

1884年,男子双打正式成为温布尔登赛事的项目。如今的四大网球公开赛、联合会杯比赛、戴维斯杯比赛,双打都是重要的项目。在业余比赛中双打开展得更加广泛,相较于单打,双打更具有娱乐性、社交性,并且对体能要求相对较低,深受人们喜爱。下面介绍双打比赛的一些基本战术。

8.2.1 双打比赛的站位

在双打比赛中,站位非常重要,常见的站位有一网前一底线、双底线(初学者采用较多)和双网前三种。

1. 一网前一底线站位

一网前一底线站位又分为常规站位和澳式站位。

(1) 常规站位

发球员A靠近单打边线位置发球,这样的发球站位能有效防守接发球员的大角度接发攻击;发球员同伴B靠近网前单打线和中线之间,眼盯接发球员C;当A发球至外角时,B应快速靠近单打边线移动,以防C直线穿越;当A发球至内角时,B应快速靠近中线移动,以更好地拦截C的接发;当A发球至中线追身时,B可以在原地做分腿垫步来快速应对C的接发。(见图8-2左)

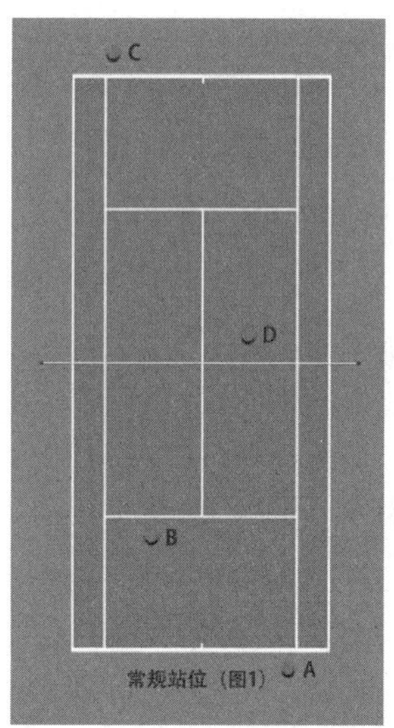

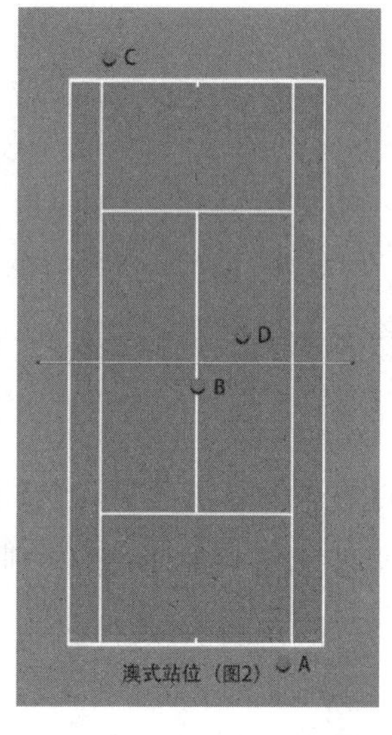

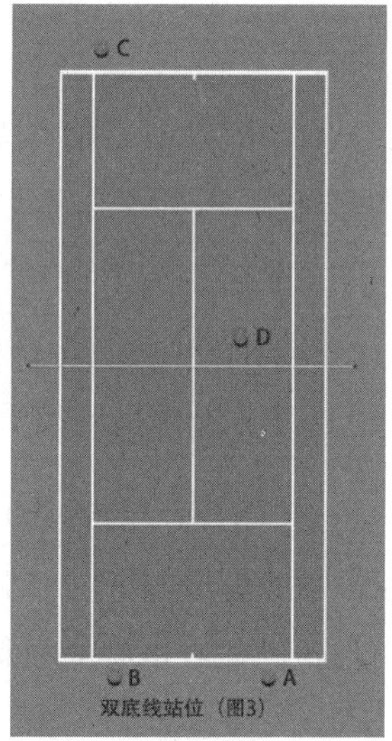

图8-2 双打比赛的站位

（2）澳式站位

发球员A靠近单打边线位置发球，B弯腰在中线网前蹲下，发球后按预定的计划移动拦网，以达到出其不意的效果，同时发球员A向同伴相反方向跑动。（见图8-2中）

2. 双底线站位

此种站位一般被网前技术较差信心不足，但拥有出众的底线技术的选手采用，在初学者中也常常见到。（见图8-2右）

3. 双网前战术

发球员发球后迅速来到网前，形成双网前的位置，这样的站位更加有利于拦截得分，在职业赛场较为常见。

8.2.2 双打配合战术

双打是两个人的团队比赛，选手最大限度地发挥团队协作的优点，才能展现出1+1大于2的高竞技水平。

1. 移动配合

A击球时，网前B要盯对方的网前D，并相应地后移，随时准备防守D的进攻。当对方的底线C击球时，网前B要紧盯C，并相应向前移动来拦截C的击球。当网前C大角度抢网时，底线的A必须快速移动到B所在位置之外的空白区域。切记不能在原地不动。（见图8-3）

2. 发球配合

发球者必须告诉同伴每次发球的落点，这样有利于网前的提前移动，提高拦网的成功率。初学者无法控制落点的，则需要告诉同伴发球的力量，让同伴有更好的判断，以防在网前被打穿越。

3. 接发配合

接发球者必须告诉同伴接发球的角度，如挑高球还是斜线躲过对方

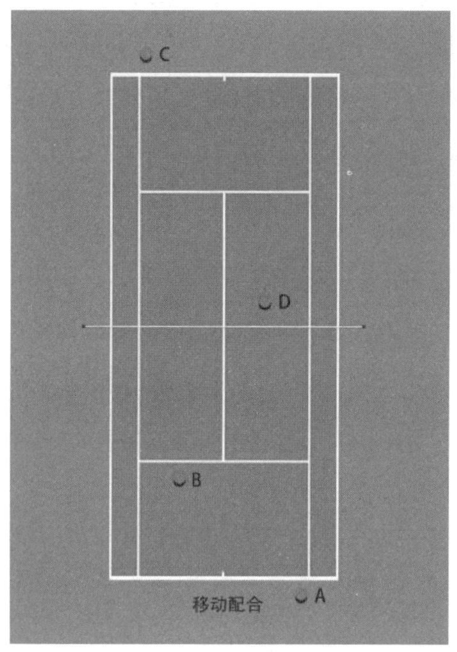

图 8－3　双打配合战术

的网前，这样有利于同伴协同防守和进攻。初学者在接发时很难控制击球线路时，就要告诉同伴接发球角度，这样更利于防守。

4. 协同防守

当同伴挑高球被对方高压时，一定要快速退回底线以便协同防守。如果同伴被对方击球拉出场外，一定要相应地靠近同伴以便协防同伴留下的空档。在上网时被对方成功挑高球过顶时，一定要快速退回底线防守。当对方击打中间球时，一般留给强势一方击球（如一般正手强于反手，中间球留给正手击球）。

5. 运用双打战术要点

（1）提高一发成功率的前提下，增加旋转与角度的变化。

（2）接发球时，要尽量将球回击到发球的脚下。

（3）与同伴保持相应的距离，要共进退，协同防守。

（4）底线击球时，要尽可能的有深度，迫使对方后退。

（5）来到网前寻找机会，控制网前是取胜的关键。

第三部分

网球欣赏篇

网球之所以有其独特的欣赏价值，是因为它具有独特的“网球精神”。网球比赛是技术和战术的较量，更是心理素质的考验。人们在欣赏网球运动时，能够感受到力量，接受美的熏陶和体验，这些正是网球运动所特有的魅力。

国际网球赛事主要有网球四大满贯、ATP、WTA 赛事等，国内网球赛事主要有中国网球公开赛、上海大师赛、武汉网球公开赛等。这些几乎每周都可以看到实时转播的比赛，给网球爱好者提供了电视甚至现场观看的机会。

欣赏网球比赛，首先需要观众喜欢这项体育项目，最好能到球场上挥动几拍，这样才愿意坐下来花时间通过电视或者去现场观看；其次要懂得网球的基本打法和评判标准，这样观看起来才能将自己融入其中，才能和运动员一起分享得分的喜悦以及失分的懊恼。网球比赛与篮球、足球等有所不同，现场必须安静，这样运动员才能不分心，更好地投入比赛当中。观看一场高专水平的网球赛事，会让我们感到如同坐在维也纳的金色大厅听一场音乐会那么美妙，和坐在悉尼歌剧院欣赏充满韵律的芭蕾舞那么惬意。

第 9 章　网球比赛规则

网球是崇尚体育精神和公平竞争(Fair Play)的运动,有比较完善的规则。了解网球基本规则对看懂网球赛事、参加网球活动是必要的。以下介绍常见的网球规则,适合入门级的网球爱好者。

9.1 裁判职责

在网球赛事中要有组织方认可的裁判长和裁判员,裁判员包含主裁判和司线。

9.1.1　裁判长职责

对比赛过程中的竞赛规则、竞赛规程、行为准则、技术官员的职责和工作程序等方面的所有问题,有现场处理权和最终解释权;安排赛事所需裁判和司线工作,确保赛事设备必须符合网球规则的要求。

9.1.2　主裁判职责与权利

主裁判必须熟悉网球规则、竞赛规程、行为准则的所有内容;提前到场召开本场比赛的赛前会议;检查场地以及器材准备情况;组织运动员挑

边，赢得挑边权方可先选择发球、接发球、场地方向或者让对方先选；裁决比赛中一切“事实”问题（包括呼报未设司线员看的界线）；宣报比分，宣报电子回放系统（鹰眼挑战）；查看球印（仅限于红土场地上）。

9.1.3　司线、司网职责手势

（1）司线员只需要负责自己的线，对于出界球要及时呼报；一般大型网球比赛需要 1 位主裁判和 7 名司线，共 8 位裁判，具体位置如图所示。（见图 9－1）

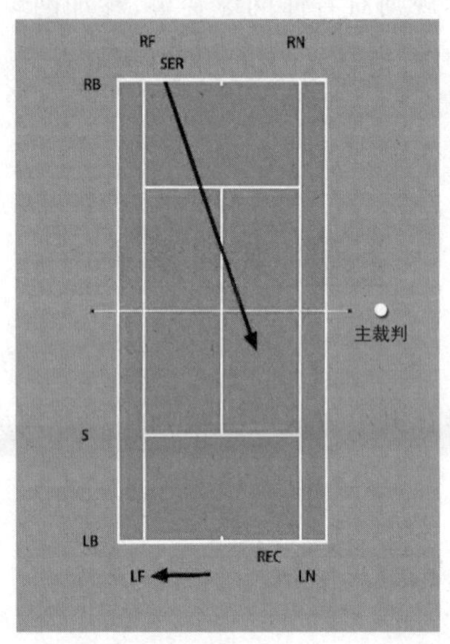

7位司线员位置图

图 9－1　裁判员位置

如果人员不足也可以采用 3—5 位司线员。一般的业余比赛也会出现 1 位主裁判负责全部赛场判罚，或是采用信任制比赛（球员自己计分）。

（2）图 9－1 所示裁判位置（LN 为主裁判左手边近边司线、LF 为主裁判左手边远边司线、LB 为主裁判左手边端线司线、S 为发球线裁判、RN

为主裁判右手边近边司线、RF 为主裁判右手边远边司线、RB 为主裁判右手边端线司线）边线司线兼任发球中线任务，如 LF 在发球结束后，立刻由中线位置回到边线位置。

（3）司线员的手势。（见图 9-2）

A. 工作状态

B. 界内球姿势

C. 脚误、擦网、更正

D. 出界

E. 没看见

图 9-2　手势

临场裁判口头呼报:失误(发球出界或下网)、出界、擦网、穿网、脚误、重赛、两跳、击球犯规、干扰、请稍等和改判。

9.2 基本规则

网球比赛分为单打和双打两种形式。每位球员的目的都是尽力将球打到对方的场地上去,就这样一来一回,直到有一方将球打出界或没接到球为止。

9.2.1 发球规则

发球员应站在端线中点和边线假定延长线(注意单打和双打区分)之间,将球抛起并在球落地之前击出,在球和拍子接触之时,算完成球的发球动作。完成发球之前不能以任何方式包括走动来改变发球的位置。

(1) 发球失误的情况。

① 完成发球前脚踏线。

② 完成发球前,脚移动改变脚的发球位置。

③ 发球出界包含直接出界和擦网后出界。

④ 发球未过网。

⑤ 在球落地前,做出完整的发球动作,但是球拍未击中球。

(2) 重新发球的情况

① 发球擦网后落到有效发球区。

② 受到外界干扰,如发球瞬间有外来物品来到场地。

③ 裁判员要求重新发球,如对方未准备好,裁判员可要求重新发球。

(3) 发球位置、次序与场地交换

① 发球员第一次发球成功，比赛进入活球状态。发球员第一次发球失误，在原地还有第二次发球机会，如果两次都失误，则丢掉这一分。

② 每一局的第一分发球位置在网球场的一区（发球员准备发球时，端线中点的右侧，具体位置见本书第 5 章 5.2.1），第二分球交换到二区（端线中点左侧），依此循环，直到一局比赛结束，再把发球权交还给对手（抢七局除外）。在抢七局中，第一分球在一区发球；第二分、第三分交还给对手依次在二区发第二分球，在一区发第三分球；下面每人发两分球依此类推直到比赛结束。

③ 双打比赛中，次序交换：如球员 ab 对阵球员 cd，按照赛前选择的发球顺序，a 发完一局，接着 c 发一局，b 发一局，最后 d 发，直到比赛结束。双打比赛顺序一旦确定，本盘比赛中不能更改，直到一盘比赛结束，如果盘中发现发球顺序错误应该立刻更正，比分有效。接发球方，站位一旦确定，本盘比赛中不能更改，如 d 在一区接发球，就不能到二区接，比赛中发现出现接发球位置错误，到一局比赛结束再更改，比分有效。

④ 网球比赛中在单数局结束后交换场地，如 1、3、5 局；在抢七局中，比分和为 6（如比分为 1∶5）的倍数时，如 6 分球、12 分球、18 分球等结束。

9.2.2　失分

当出现以下情况视为“失分”。

（1）发球双误：在一分球中有两次发球失误。

（2）击球出界：回球触及有效击球区以外的地面、球场固定物。

（3）球未过网或穿网：击出的球第一落点在本方场区，即第一落点在触网后落到本方场区或直接落在本方场区；穿网即击出的球从中心网的网孔穿过。

（4）两跳：有效还击前，球在本方场区连续两次落地。

（5）故意干扰：对方运动员故意干扰击球。

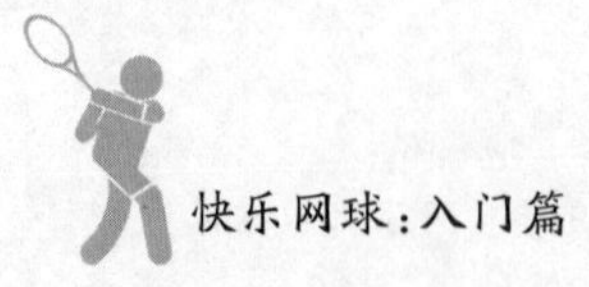

(6) 击球犯规:连续两次击球、过网击球、活球期间触网或网柱或运动员,运动员穿戴、携带任何物品落入对方场地。

(7) 回击未落地的发球。

(8) 用手或者拍子接住处于活球状态中的球(包含这个球有可能出界)。

(9) 被对方的有效发球(未落地前)击中。

(10) 双打比赛中,在一次回击球时,同队的两名运动员都触到球。

(11) 在活球状态下,除了运动员手中球拍外,球触及运动员身体或他穿戴、携带的任何物品。

9.2.3 干扰

在比赛中运动员无意的干扰,裁判可以判罚重赛,故意的可判失分;场外不可控因数干扰,均判重赛。

9.2.4 有效击球

运动员击出的球第一落点在对方的有效场区内,包括擦网后落到对方有效场区。

9.2.5 活球定义

除了做出发球失误或重发的呼报之外,球从发球员击出的那一时刻开始,直到该分结束都为活球。

9.2.6 永久固定物定义

场地上永久固定物,不仅包含后挡网、观众、观众座位、看台、场地周围和上方的固定物,还包含裁判员、司线、司网和球童。在双打球场上使用单打支柱的场地,单打支柱以外的部分网和网柱是永久固定物。

9.2.7　选择权定义

在比赛开始运动员挑边获胜，获得优先选择场地或发球、接发球或让对方先选择的权利。

9.2.8　压线球

如果球接触到线（球和线之间没有缝隙均为压线），则这个球被认为是落在由该线作为界线的场地之内。

第 10 章　网球比赛欣赏

欣赏网球比赛，一是通过电视和网络观看比赛，二是亲临比赛现场感受网球的魅力，二者各有千秋。作为一名网球爱好者，如果在时间和地点合适的情况下，建议优先选择亲临比赛现场。当然，随着电视和网络的普及，在家中观看和欣赏网球比赛，也是越来越方便。

1. 网球比赛的电视转播欣赏

电视转播网球赛的时候，欣赏比赛的同时也可以听资深解说员的解说，或许还能解答网球入门者的不少疑惑，了解网球的诸多背景知识。电视转播网球比赛可以全景、局部和细节拍摄，对于学习技术和战术非常方便。由于我们是根据拍摄镜头的角度来感受比赛的，受到的限制比较多。有人戏称，关于发球的速度，我们都被电视摄像骗了。因为场地大、转播镜头远，把发球、击打速度感给降下来了，实际上节奏是非常快的。

2. 网球比赛的现场观赏

网球的现场观赏性非常强。一是可以感受现场观众的热烈气氛，身在其中，自己也成了比赛气氛和现场的一部分；二是网球比赛中选手的技术动作之美和力量之美都极具吸引力，网球击打网球拍拍线甜区的“砰”清脆的震颤声音，击打场地“噗”的声音可以让现场观众热血沸腾。网球比赛的现场可以自由地选择看全景还是看细节。在国内，若有机会观看中国网球赛或者上海大师赛等网球比赛，可以现场感受网球的魅力！若有机会现场观看四大满贯等国际网球比赛，肯定会令你终生难忘。

当然，为了更好地欣赏网球，自己最好能在网球场上打过一段时间。这样你观看网球比赛的时候，才能更好地体会网球速度和球员的反应。

那么，怎样让观众既喜欢观赏网球比赛，又能从“专业”角度欣赏网球运动呢？不同人的欣赏角度不同：对于爱热闹的网球球迷来说，感受现场气氛，比赛的输赢就是他们所欣赏的重点；对于网球业余爱好者来说，欣赏的是比赛过程的精彩，欣赏每一个运动员的挥拍、发球等动作，网球就是一场力量与美感并存的较量；对于（准）专业运动员来说，欣赏球赛落脚点就是球员的步法、跑位、技术细节，若有录像的话关键节点会慢动作回放，甚至去分析运动员的战术，弥补自己平时的欠缺与不足。

故本章从网球欣赏礼仪、网球欣赏文化、网球技术欣赏、网球欣赏战术等方面展开讨论。

10.1 现场观看网球比赛礼仪

起源于欧洲的网球是一项“优雅运动”，网球比赛的赛场规则极其严格。网球运动需要参与者（包括选手和观众）有更高的文化及体育素养。尊重网球场上的一切“人与物”，这是球员最起码的行为准则，也是观众应该做到的基本准则。为了让比赛更好地进行，四大满贯（温网、澳网、美网、法网）纷纷出台了相关规定，虽然五大洲地域人文不同，但对网球观众的要求却是一致的。规矩虽然有点繁琐但不容忽视，因为这不仅体现了观众的素质，更体现了一个国家的文明程度。做一名网球迷并不难，但做一名合格的网球观众却并不太容易。网球比赛现场观众不仅要了解乃至熟知复杂的网球规则，更要了解看台上的一些约定俗成的规矩和礼仪，让自己和他人都能充分享受观看比赛的乐趣。良好的“观赏性”也是运动员发挥自己运动水平的重要条件，做一个文明有涵养的观众本身就是一种美好的体验。

10.1.1 比赛中观众不随意走动和喧哗

网球比赛中在单数局时双方球员需要换边并进行短暂的休息，但第 1 局结束后球员只换边而不能坐下休息，所以这时一般不允许外场观众进场。在 3、5、7 等单数局或一盘结束后，观众须在引导员的帮助下尽快入座。在双方球员开始比赛时，观众打电话、互相聊天、喧哗和走动都是不可以的，只有在球员交换场地休息的时候，才可以起身活动，球员有权因为观众的不安静或走动停止比赛。特别是裁判发声要求安静时，应当立马安静，否则会影响到比赛。一些观众在比赛即将结束时提早退场，这种行为也是不建议的。如果有一些紧急情况，可选择每盘比赛的第 3、5、7 局之间的较长间隙出入场或短暂走动。

10.1.2 比赛中观众应尊重运动员

比赛中，观众应充分尊重运动员，不管谁输谁赢，不应该起哄。当比赛双方打出精彩好球时，观众可以发出一些赞叹的声音，切记此时不可鼓掌，更不可大声喊“加油”叫好。只有在形成死球时，才能够给以鼓掌和叫好。

10.1.3 比赛中不使用闪光灯拍照

手机应该调至静音状态，以免突然的声响影响运动员比赛。照相时不能使用闪光灯，因为闪光灯是扰乱选手视线的“一级杀手”，它会严重影响选手们的击球，尤其是发球的进行。有时球场较小、距离球员较近的情况下，快门声也会对球员产生一定的干扰。

10.1.4　4 岁以下的婴幼儿慎带入赛场

四岁以下小孩不建议带入赛场。因为婴幼儿的情绪不易控制，所以一般来说也不被允许带入赛场。年龄稍长的儿童也建议在成人的陪同下进入球场。

10.1.5　不随意质疑裁判员的判罚

重大比赛中的裁判员一般都是水平较高，有着丰富执法经验的。在网球比赛中裁判员及线审的注意力都会高度集中，一般不会误判，即使对判罚确有异议，也不能当场起哄，扰乱比赛秩序，况且运动员还可以使用鹰眼系统进行挑战的。

网球观赛礼仪一直是一个老生常谈的问题，网球文化的营造依靠的还是每一个球迷，因此少一点对球员的责备，多一点对自我行为的约束，这是我们应该做到的。

10.2　网球文化欣赏

网球是世界上最流行的运动项目之一。网球一向被冠以“高雅运动”和“文明运动”的美誉，其中蕴藏着深厚的文化内涵。

网球是球场上的芭蕾，故网球的另一名称——“运动芭蕾”深入人心。网球很讲究美感和韵律感，尤其女球员打网球不需要用很大的劲，便可以培养动作的节奏感和身体的协调能力。女子网球运动可使人联想到舞蹈或者(草地)网球上的芭蕾舞会，无论是传统的古典芭蕾《天鹅湖》，还是充满力度的《林中仙子》，都能和女子网球运动有着某种联系。在加拿大，还

出现了专门的"网球与芭蕾"的网站,专门就网球运动员不断重复的运动轨道做分析,看其与芭蕾舞动作的汇合点究竟在哪里。

网球和芭蕾的真实关系其实一直存在于人们的想象中,尽管从 20 世纪 30 年代起,就不断地有人做出专门的动作图解分析,分析网球运动员的每个动作符合哪个场面,但并没有人按照芭蕾舞演员的要求来训练网球运动员。这种美丽的类比更像是一种智力游戏,让喜欢芭蕾和网球的人获得了双重满足,因为网球运动员天然的运动节奏有时候确实比得上专门演奏出来的音乐。

网球文化是培养人诚实守信的优秀品质。诚信品质的体现贯穿在整个网球活动的全过程,而网球活动也是最能体现一个人诚信品质的体育活动之一。在欣赏网球的时候,感受和欣赏网球运动员的诚实守信品质,稳定的情绪和个性的发挥及释放,是网球文化欣赏的重要部分。

欣赏和感受网球比赛的竞技气氛。网球比赛是一项高强度的竞技体育运动。欣赏一场比赛就是想从这种激烈的高水平对抗当中,欣赏到球场上的每一位选手一次又一次地将技术、战术、体能、精神推向更高极限的杰出表现,这种表现充满了力量与美学的强烈张力,这种表现带给观众精神的振奋与愉悦。也许你欣赏的是某一位球员,也许你想观看他的比赛,感受其在球场上的魅力和技术。不论哪一种,都会给你带来收获。

10.3 网球比赛的技术欣赏

网球技术风格是运动员技术系统,是区别于其他运动员的定型化特征,也可理解为运动员在临场技战术上所表现出的特长和特点之美。技

术风格代表着不同的网球文化，可以说，不同国家的网球队员比赛其实是不同网球文化的较量。每个地区根据自己运动员的特点和条件创造出与众不同的风格，构成了自己独特的技术风格之美。

欣赏网球比赛，建议在比赛开始之前，从网络上和朋友交流中搜集一下本场比赛球员的一些背景资料，大致了解一下球员的技术特点，这些资料是理解比赛和分析比赛的重要基础。每个运动员又根据各自的特点和条件，创造出与众不同的独特风格，既突出了个人的特色，也展示了网球运动的魅力。多去欣赏高水平球员的技术及战术，结合改进自己的打法，定能提升你的网球水平。

网球比赛更考验球员的反应速度、关注度和及时调整的能力。观察球员对对手每个动作的预判所做的反应，他们会运用各种步伐快速移动，然后用小碎步调整至合理位置，再运用正手击球、反手击球、抽球、削球、高压球、放小球、挑高球等技术动作做出合理回击。对球员的欣赏如下：

（1）观看球员击球的完整技术过程。当一个球员将要击球时，可以观察他是如何进行一系列准备动作的。准备击球的一方何时转肩，何时开始挥拍，何时移动脚步来到正确的击球位置上。另外，还可以仔细观察球拍的挥动轨迹，尝试着去弄明白顶尖选手何时改变挥拍方式，以及他们是如何利用不同挥拍方式的。

（2）观察如何能够在击球之后迅速预判对方可能的回球路线和位置，以提前移动，做好准备。拥有预判的感觉和能力，可以让你的比赛更有效率、更主动。球场的位置感，就是知道自己在球场的哪个位置可以让自己移动距离最少、最合理，为即将到来的下一个击球做好准备。

（3）重点看球员的步法与跑位，学习球员的球路选择和球场位置感，特别是观察击球和归位脚步。这一点尤其重要，是一种本能、一种感觉。观察球员如何通过步法的调整，早预判、早移动，提前到位，准确击球。击球结束后的第一个脚步移动对于下一个球的站位准备至关重要。比赛时，仔细观察顶尖球员击完球后的脚步移动，如何保证他们到达下一次击球的正确位置。

(4) 仔细观察球员的技术细节，特别是慢动作回放。球员的击球技术、步法和跑位能够决定每一次的击球质量，结合自身特点和打法，通过观看比赛来揣摩和体会顶级球员的技术细节和步法，能够告诉你如何更好地击球，可以大幅度减少击球非受迫性失误。

10.3.1 发球欣赏

观赏不同的球员比赛时，尝试着去观察他们发球的相通之处。网球运动里的发球好比一个人的指纹，没有两个球员的发球是完全一致的，但是发球出色的选手总有着相似的地方。通过观看业余比赛的发球，你是否得到了稳定性第一的启发？在看较高水平的业余球员发球时，他们的一发和二发的差异是否很大？在一发时是以追求大力、快速为主，还是以稳定为主？一发的成功率是否较高？二发的质量是否很低，还是虽然球速慢，但较多地采用旋转球，来保证二发的质量？

10.3.2 接发球欣赏

在一个球员接对手发球之时，注意他在对手抛球的时候是如何向前移动的。观察当对手发出球之前，接发球一方是如何分腿垫步的？接球队员面对不同的对手，他们如何调整站位？接对手一发和二发的时候，接球手是如何调整站位，如何短距离挥拍击打来球的？这些都是达到成功接发球的关键点。

10.3.3 致命正手击球欣赏

如果看到有与你类似的正手击球技术球员比赛，就一定要认真分析，进行对照比较。如果你是东方式正手击球，在观看比赛时，场上的球员在做正手击球时，就一定要分析他为什么正手击出的球那么稳定。如果你是西方式正手击球，在欣赏西方式选手击球时，需要思考他的站位是开放式的，还是半开放的？有没有两脚前后的侧身击球？他的引拍是否很大，是否由上而下的环状后挥？他挥拍的结束动作是否绕到肩膀后面？他击球前的左手是否很靠近右手？他击球的发力是否主要靠转肩，还是像东方式击球那样靠前后重心移动来击球？

10.3.4　精确制导的反拍击球欣赏

如果你是单手反拍击球，在观看比赛当中的球员单手反拍击球时，需要观察击球点是否靠前？击球点与球飞行方向的关系？挥拍结束动作，是否有大鹏展翅的动作定位？在击球时是否背向对方准备？不管向后引拍高低，在向前挥拍击中球的一段过程，是否平稳地稍向上向前挥拍？击球时的头部位置是否改变？当你观察球员身体各部位的时候，不要忘了注意球员在整个挥拍过程中保持不动的头部。尤其要注意他们是如何结束一个连贯挥拍动作的，是否把目光投向球飞行的方向。因为在击球过程中，如果网球运动员的头部上下左右移动，不能保持稳定，回球的失误率会大大增加。

如果你是双手反拍击球，在观看比赛中的球员双手反拍击球时，要注意观察，他的击球点是否靠近身体，跑动是否积极到位，是否总是把球在固定的高度和位置击出，击球时拍柄与身体的距离是远还是近，击球时的拍面是否垂直于地面。

在一些业余赛事中，观察反手削球是否用得很多，反手削球的失误是否比反手抽击球的失误少，甚至比正手击球的失误还少。为了增加比赛时反手击球的稳定性，你是否也要开始加强反手削球的练习了？

10.3.5 坚盾式截击动作欣赏

在观看球员做截击动作时，要注意他的眼睛是否紧盯着球？是否总是尽可能地侧身上前跨步对来球截击？对较高的截击球，拍面是否会接近垂直于地面？对较低的截击球拍面是否接近于水平？截击球时，转肩是否充分（使击出的球更有力一些）？截击时手腕是否转动？截击后的拍头是保持在上，还是朝下？

10.3.6 高压动作欣赏

高压球也就是击打过顶高球，这是各种击球之中最刺激的一种击球方式，击球时挥拍扣杀的快感会很到位，尤其反手高压，简直是艺术的享受。

网球比赛一个回合中，什么情况有利？一是对方出浅球，二是对方打慢球，三是对方出高球。不管是上述哪种情况，都让选手在有了充足的时间前提下，能够打出更具有威力的回球。对于接高球，在职业球员有足够时间的前提下，他们能够大力叩击，叩击球速大多比平击快，很多能达到每小时 200 千米左右的速度，这样的球速更加容易出现制胜分。

10.3.7 放小球欣赏

现代网球比赛中，放小球应用相当广泛。放小球技术是一种调动、干扰、牵制对方的有力武器。在比赛中配合运用放小球，可以更有效地发挥自己技术特长的攻击性，使对方不能专心于防守，打乱对方的站位、击球节奏，从而让自己各项技术得到充分发挥。放小球即便无法直接得分，也可以为下一拍创造出机会。在对方体力大幅度下降的情况下，运用放小球战术可以摧垮对方的意志，加快对方体力的消耗。当今职业网坛，很多网球高手都有一手放小球的绝活，尤其是费德勒、阿尔卡拉斯、郑钦文等优秀选手，经常利用放小球直接得分。在观看比赛的时候，建议注意观察放小球的时机和动作。

10.3.8　挑高球动作欣赏

注意观察网球挑高球不同打法及战术运用、何时运用挑高球策略，以及挑高球的落点选择等。

10.3.9　观察优秀范例、要适当有选择地模仿“高手”的动作

在职业球员或者业余高手身上有很多优秀的地方，应该向这些出色的范例学习，观察球员们在球场不同的位置上是如何调整击球站位的。结合自身特点和打法，通过观看比赛来揣摩顶级球员的技术细节和步法，能够告诉你如何更好地击球。顶级球员的击球技术一般都能够将身体的力量高效地转移到球上，使得击出的球既有稳定性，又有进攻性。在模仿高水平运动员的击球动作时，一定要结合自己的身体条件，具体问题具体分析，不可一味地模仿高难度动作，特别是强打型球员的加手腕、手臂动作。

善于分析其动作的整体结构，把握其主要、合理的击球用力次序，真正做到“拿来我用”。通过观看比赛，你就可以从顶级球员身上学到很多他们的技巧。

10.4　网球比赛的战术欣赏

成功的比赛是通过完美的战术运用而取得的，技术再好，没有成功

的战术运用也是徒劳。网球比赛本质是一项以不断压缩对手的时间与空间为手段来获取胜利的项目，类似于围棋，这就需要在技术过关的前提下有的放矢地研究对手的战术。换句话说，球员战术的实施，就是通过将球一次次打到你想要的位置，压缩对手的时间和空间。战术有很多种，从发球开始就要贯彻战术意识，只有这样网球场上的每一分才不仅仅是一个动作。

要学会分析球员的战术思想以及战术的贯彻实施，如看球员如何拿捏进攻和防守之间的分寸。通过观看顶级选手的比赛，你可以学习顶级选手如何针对不同对手，调整自己的战术，配送出最有效的球路，用不同的战术组合让自己主动得分或迫使对方失误。这样你可以学会如何更好地打比赛。大脑中的战术组合多了，就能更从容地面对比赛中的不同对手、不同情况。

比如，观察球员是如何等待时机打出一个穿越球的——通常都是在出现浅球或者注意到他们的对手移动相反方向的情况下。注意球员们是如何等待机会出现的，在机会出现之前他们很少会改变击球路线，更不会“上网”。向这些出色的范例学习，观察球员们在球场不同的位置是如何调整击球站位的。另外一个值得注意的方面是，球员在面对直奔自己而来的球是如何调整击球角度的，如何防守，何时回击更具侵略性。

观察各单项技术的得失分情况的统计分析。一般正规的比赛，经常会统计分析各单项技术的得失分情况，并及时告知观众。总体了解网球比赛的情况，并有意识和目前的比分进行对比，提高自己的分析能力。

验证自己的猜测和分析。为了更好地欣赏网球，最好自己在网球场上实践，这样你才能体会速度和反应。在看比赛的时候，你可以把自己想象成正在场上战斗的某位球员，如果换作你会做出什么样的选择？是继续坚持自己的打法，还是尝试改变？如果改变，应该做什么样的改变？对这些问题，不妨自己先想一个答案。这样多分析几次后，你不仅可以收获思考的满足感和成就感，还能为自己今后的比赛累积经验，遇到类似困境时不再束手无策。

网球有很多的传奇人物和故事，是最受欢迎的体育项目之一，有广泛的群众基础。网球技术不断更新，器材科技不断发展，具有很强的时尚元素，为追求快速多变和新鲜刺激的现代人提供了很好的参与机会。

附录1　网球运动进阶评定标准

球场上,每当被问起网球水平时,总会有好多不知道又或者是不敢确定自己网球水平的球友。为了便于网球水平不同的朋友间互相约球,每个人为自己的网球水平打一个分数很有必要。国际上比较流行的网球技术等级评分称为NTRP,源于美国,在欧洲国家及日本等也较多采用这一标准。

NTRP分级体系即国家网球分级体系(National Tennis Rating Program),创立于1978年,是美国网球联盟专门为参赛选手设定的一个球员水平分级系统,旨在帮助不同选手确定自己的水平,为以后接受培训、寻找陪练、参加比赛等提供便利。如何使用NTRP?首先,详细阅读NTRP各个级别选手的技术特征,并寻找到一个最适合自己当前水准的级别,在以后的比赛中就可以找与自己实力相当或略高于自己水平的选手进行较量,以便提高。其次,俱乐部的教练经常会针对不同选手级别提出一些建议,只有确认了自己的水平后,才可能为自己更好地学习适合自己水平的技术提供帮助。需要说明的是,业余球友用NTRP来衡量自己的网球水平是主观的,因此很多自评3.0到4.0左右的球友,实际水平可能有所出入。可以参考NTRP的以下几个原则:

(1) 稳定性原则:对每一项技术描述,测试者必须符合较高的成功率和稳定性,否则该项要求按未达标统计。

(2) 短板原则:在每一级别的技术水平描述中,按照自己最差的那项

技术来衡量,如果不符合,则作为未达标该级别。

(3) 实战原则:网球技术最终的检验肯定是在比赛中,因此想知道自己某项技术达到如何水平,参与比赛并展现出高水平技术,那就说明已经达标了。

根据以上标准我们粗略地分为业余和专业的初级、中级和高级。本快乐系列教材,只是针对业余网球级别。水平达到业余高级别的球员,在目前中国国内的业余网球赛中一般都能拿名次。至于网球专业级别的专业书籍和训练,可以考虑请专业教练进行。

业余网球初级:1.0—2.0 级别。

业余网球中级:2.5—3.5 级别。

业余网球高级:4.0—4.5 级别。

专业网球初级:4.5—5.0 级别。

专业网球中级:5.5—6.0 级别。

专业网球高级:6.5—7.0 级别。

1. 1.0 级别

特指初学者,尤其为第一次打网球的人。

2. 1.5 级别

打球时间不长,只顾得上把球来回打起来。

3. 2.0 级别

(1) 正手:挥拍动作不完整,不容易控制击球方向。

(2) 反手:不愿意用反手接球,偶尔接一下也感觉没有把握。

(3) 发球/接发球:发球动作不完整,抛球不稳定,经常双误;接发球容易失误。

(4) 网前:还没有主动上网的意识,不会用反手截击,网前脚步跟不上。

（5）特征：虽然正、反手都有明显弱点，但已初步了解单、双打中的基本站位。

4. 2.5 级别

（1）正手：动作有所改进，开始能够慢节奏对攻。

（2）反手：握拍仍有问题，击球准备不够早，喜欢用正手去接本该反手接的球。

（3）发球/接发球：挥拍动作趋于完整，可以发出速度慢的好球，抛球仍不稳定；能接好速度较慢的发球。

（4）网前：网前感到不舒服，尤其是反手截击，仍习惯用正手拍面打反手位截击。

（5）特征：与水平相当的人能打出几个回合的慢速对攻，但难以覆盖整个场地。能主动挑高球，但不能控制球的高度和深度；能打到过顶球，但对能否打好没有把握；双打中还不会调整站位。

5. 3.0 级别

（1）正手：有较好的稳定性，也基本能控制方向，但缺乏击球深度。

（2）反手：能提早准备，可以打出比较稳定的中速球。

（3）发球/接发球：发球的节奏感开始出来了，但大力发球时稳定性差，二发明显慢于一发；接发球比较稳定。

（4）网前：正手截击已经比较稳定，反手差一些，对低球和远身球感到力不从心。

（5）特征：已经能打出比较稳定的中速球，但并不是每一拍都很舒服；在控制击球的深度和力量时还显得力不从心，能挑出比较稳定的高球。双打中与同伴的战位组合基本上是一前一后，上网还不积极，网前攻击力也不强。

6. 3.5 级别

（1）正手：能打出稳定而有变化的中速球，能很好地控制击球方向，上

旋球水平提高。

(2) 反手:回中速球时能控制方向,但还处理不好高球、快球。

(3) 发球/接发球:开始能控制落点并加力,也能发出上旋球;能稳定地接中速发球并控制回球方向。

(4) 网前:上网更积极,步伐正确,能截击部分远身球。正手截击稳定,反手还不理想。接对方的截击球比较困难。

(5) 特征:对中速球的方向控制已经不错,但击球的深度和变化还不够;能在跑动中稳定地回击过顶球,开始能随球上网、放小球和打反弹球;二发基本能控制落点。双打中网前更积极,对场地的覆盖和与同伴的配合能力也在提高。

7. 4.0级别

(1) 正手:击球已经有相当的把握,回击中速球有深度,能对付难接的球。

(2) 反手:能稳定地回击中速球,能加上旋,也有深度。

(3) 发球/接发球:一发和二发都能控制落点,一发力量大,能带旋转发球;接发球稳定,极少出现主动失误;单打接发球有深度,双打接发球能根据需要而变化。

(4) 网前:正手截击能够控制并有深度,反手截击有方向但缺乏深度,学会截击远身球和低网球。

(5) 特征:已能打出有把握的中速正、反手边线球,也能控制击球的深度和方向;能够抓住机会或是对手的弱点打出得分球,已经会使用挑高球、放小球和截击技术,而且其中有些球能够得分;发球偶尔也能直接得分;在多拍拉锯对攻中,可能会因为不够耐心而丢分。双打中能抢网,随球上网,也明显能够与同伴配合。水平达到这一级别的球员,在目前中国国内的业余网球赛中一般都能拿名次。

8. 4.5 级别

(1) 正手:非常有把握,能充分使用速度和旋转,良好的深度控制,回击中速球有攻击力。

(2) 反手:能控制方向和深度,但在受迫时会失误,回击中速球能加力。

(3) 发球/接发球:发球有攻击力,能同时运用力量和旋转;二发能发到希望的位置,极少出现双误。能接好对手的大力发球;能抓住对方二发软的机会,打出有深度和落点的回球。

(4) 网前:能连续截击对方的回球,步伐到位,反手截击能控制方向和深度,网前的力量使用能轻重结合;但由于拉拍动作过大常犯错误。

(5) 特征:能有意识地在打出有攻击力的落点球(如对方反手位)后随球上网,并靠连续的截击或高压球得分。击球速度加快,能避开自身弱点,但在处理难接的球时往往过于发力。比赛中能打出各种变化的球,开始针对不同对手来调整每盘的节奏。双打中网前能提早判断,回球更具进攻力,开始控制比赛节奏。

9. 5.0 级别

(1) 正手:在大力击球时能控制方向、深度和旋转,落点准确,能利用正手取得进攻优势;也能根据需要打出轻球。

(2) 反手:能打出稳定的进攻球,多数情况下能控制好方向和深度,并有不同的旋转。

(3) 发球/接发球:能发到对方的弱点位置上,为进攻取得优势;能有把握地变化发球;二发能利用深度、旋转和落点使对手回球软,为自己下一拍做准备;接发球能控制好深度和旋转,并能根据情况选择大力进攻或减速。

(4) 网前:截击有深度、速度和方向,难截的球也能打出深度;能抓住

机会靠截击得分。

(5) 特征:球员对来球能做出很好的提前判断,在比赛的关键球上经常有出色的表现并能拿下关键分;能够稳定地打出得分球,能救起小球和化解对方的截击球,也能成功地挑高球、放小球、打反弹球和高压球。能根据对手情况变化战术,双打中与同伴配合默契。随着经验的增加,不像4.5级球员那样容易败给自己;与5.5级的选手相比,输球更多是由于心理或体力原因。

10. 5.5级别

特征:力量和稳定性(或二者之一)已经成为该级别选手的主要武器。能根据对手的抛球、站位、拉拍等动作进行判断,为自己下一拍进攻提前准备。在激烈的比赛中能变化战术和风格,在紧急关头能打出有把握的球。

11. 6.0级别

特征:这一级别的选手一般在高中、大学期间就为参加美国国内比赛而接受过强化训练,并在选拔赛或全美比赛中拿过名次。

12. 7.0级别

这已是国际级别的选手,他们参加国际大赛并以比赛奖金为收入来源。

(《网球水平分级ABC》,凤凰网,2012年12月20日)

附录2　常见网球术语中英文对照

ACE	对手未碰到的成功发球
AD.COURT	面对球网时左侧的半场，也称为二区
ALLEY	单打线与双打线之间的区域
APPROACH SHOT	随球上网的一种击球方法
BACKCOURT	靠近底线的场区，也称为后场
BACKHAND	反手的击球方法
BACKSPIN 或 UNDERSPIN	下旋球
BACKSWING	向后引拍
BALLTOSS	送（抛）球
BLOCK VOLLEY	截击也称为拦网
CHANGOVER	单数局中的交换场地
CLOSED FACE	拍面向前倾或拍面关闭
CONTACT POINT	球拍与球接触的位置，称为击球点
CONTINENTED GRIP	大陆式握拍
CROSSCOURT SHOT	击向对角的球
DEFERSSIVE LOB	防守挑高球
DEUCE COURT	面对球网时右侧的半场，称为“一区”或“右区”
DOUBLE FAULT	连续两次发球失误，也称为“双误”

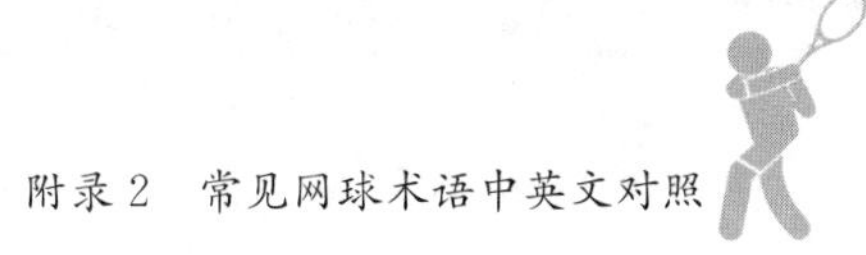

DOWN-THE-LINE-SHOT	击向直线的球
EASTENR GRIP	东方式握拍
FACE	拍面
FAST COURTS	快速球场
FINISH	挥拍的结束,或击球后随挥完成
FLAT BACKSWING	准备击球时的向后引拍
FOLLOW THROGH	击球后随挥的整个完整过程
FOOT WORK	步法
FORCING SHOT	进攻的击球
FOREHAND	正手
FRAME	拍框
GAME	记分的单位,至少是每一局比赛的结束
GAME POINT	再得一分,就赢得这一局比赛的一分,称为“局赛点”
GRIP	握拍方法或球拍的握柄
GRIP CHANG	变换握拍
GRIP SIZE	拍柄的尺寸
GROUND STROKE	击打落地后弹起来的球
HIP ROTATION	挥拍击球时的转髋
LOB	高球
MATCH	比赛
MATCH PIONT	再获得一分整场比赛就结束了,“称为赛点”
MIDCOURT	横向发球线附近的区域
MIXED DOUBLES	混双选手
NET	触到中间球网的球

ONE-HANDER BACKEHAND	单手反拍
OPEN FACE	球拍击球面打开
OPEN STANCE	开放式击球站位
OUT	出界
OVER HEAD SMASH	高压球
POACH	“抢网”,双打比赛中网前选手向队友场区移动击球的形式
POINT	记分单位,分
READY POSITION	准备姿势
SERVE	通常指上手发球
SERVICE BOX	发球区
SERVICE LINE	发球区靠近中场横向的线
SET	盘
SINGLES	单打比赛
STRING	球拍上的线
T	中场位置,发球横向和纵线交界处
TACTICS	拍线
TENSION	拍颈
THROAT	拍线的松紧
TIE-BREAKER	抢 7 分比赛
TOPSIN/FORWARD SPIN	球在飞行中,向前旋转的球,或称上旋球
TWO-HANDER BACKHAND	双手反拍
VERTICAL FACE	拍面垂直地面
VOLLEY	球落地前的击球方式,称为截击
WINNER	打出对方接不到的球

后 记

网球将运动曲线与快乐健身曲线推向无可逆转地融合

本书付梓出版之际，2024 年巴黎奥运会刚刚落下帷幕。中国网球代表队实现了历史性突破。中国年轻选手郑钦文获得奥运网球单打金牌，王欣瑜/张之臻历史性摘得巴黎奥运网球混双银牌。对中国网球来说，郑钦文奥运夺冠更是一个历史性时刻。这是继 2004 年雅典奥运会网球李婷/孙甜甜组合女双夺冠后，中国网球时隔 20 年再夺奥运金牌，也是中国网球首枚奥运女单金牌。这不仅实现了中国选手在该项目上的历史性突破，也让郑钦文成为亚洲第一位获得奥运单打金牌的网球运动员。如果 2004—2014 年是中国网球运动(代表人物女子网球李娜、郑洁、晏紫、彭帅、孙甜甜、李婷等)的第一次发展浪潮，经过 10 年的发展，那 2024 年巴黎奥运会就代表着中国网球运动再次掀起新一轮的发展浪潮(代表人物女子网球郑钦文、王欣瑜、郑赛赛、王蔷、王雅繁、王曦雨、袁悦，男子网球张之臻、商竣程、吴易昺、布云朝克特等)。

让我们再次回忆一下 2004—2014 中国网球运动员获得的成就。中国女子网球，尤其“五朵金花”，为中国在世界网坛中占有了一席之地。2004 年李婷/孙甜甜组合拿到奥运冠军，2006 年郑洁/晏紫搭档摘下了澳网和温网的女子双打冠军，2011 年李娜获得法网大满贯冠军，2014 年李娜获得澳网冠军,2013 年彭帅和谢淑薇组成的“海峡组合”在温网获得女子双打冠军。

在雅典奥运会前,中国女子网球进行了大刀阔斧的改革,事后看来这是颇有远瞻性的战术,即参加能够获得世界排名的积分战,进入职业比赛,走职业化之路,跟世界接轨。网球的先进技术发展很快,不打世界级大赛,不面对面较量,很难走向世界。此举不仅帮助中国女网取得重大突破,收获了奥运金牌,也开始将中国曲线与世界曲线融合。我们每一个网球人应该感谢当时的网球运动管理中心孙晋芳女士和蒋宏伟先生,他们引领中国网球运动发展,为中国网球事业的突破立下了汗马功劳。更要感谢当时的国家体委主任袁伟民先生的改革魄力。

这次新的网球运动高潮,让我们有理由相信,网球运动并非“贵族运动”。所谓的“贵族运动”仅仅指从礼仪角度和起源角度,但是从网球运动的普及来说,相比其他奥运项目,在欧美有着极其广泛参与度的网球运动,在现在的中国,也悄悄走入寻常百姓家了。经济发展让网球运动的门槛降低,为网球培养了群众基础。网球运动将会更加亲民,成为一种大众普及性的运动。相信网球运动曲线与快乐生活曲线很快也会融合,从这个角度看,网球运动不仅仅促进了中国曲线与世界曲线融合,更重要的是将运动曲线与快乐生活曲线推向融合。

《快乐网球:入门篇》若能对您的网球运动球场实践和网球欣赏方面有所推动,那是作者的荣幸。若想继续提高网球水平,达到业余网球界的高手水准,敬请关注快乐网球系列《快乐网球:进阶篇》!

2024-08-27 于金陵